Christina Leuschner & Andreas Knoke (Hrsg.)

Selbst entdecken ist die Kunst

Ästhetische Forschung in der Schule

Unter Mitarbeit von Anne Stienen

www.kopaed.de

Inhaltsverzeichnis

Über das Programm Kultur.Forscher! 4
—*Lutz Roschker & Dr. Heike Kahl*

Über dieses Buch 5
—*Christina Leuschner & Andreas Knoke*

Teil 1 — Von der Idee und dem Wert Ästhetischer Forschung

1 Was ist Ästhetische Forschung? 6
   —*Manfred Blohm & Christine Heil*

2 Warum brauchen wir Ästhetische Forschung in der Schule? 11
   —*Christina Leuschner & Heike Riesling-Schärfe*

3 Auf dem Weg in die Schule der Zukunft: Forschendes Lernen in Kunst und Kultur 13
   —*Christian Kammler*

Teil 2 — Ästhetische Forschung braucht einen Rahmen

4 Die Stärken nutzen: Zur Kooperation von Schulen und Kulturpartnern 16
   —*Sabine Brandes. Mit Exkursen von Chantal Eschenfelder und Tobias Kuster*

5 Gesucht: Lernbegleiter für Ästhetische Forschung 22
   —*Silke Edelhoff, Andrea Potinius & Marianne Spiering*

6 Strukturen schaffen: Ästhetische Forschung im Schulalltag 23
   —*Jürgen Schulz*

Teil 3 — Konkret: Ästhetische Forschung in der Schule

7 Die fünf Phasen des Forschungsprozesses 28
   —*Christina Leuschner*

8 Reflexionsinstrument für ästhetische Forschungsprojekte 40
   —*Peter Winkels*

Die Autorinnen und Autoren 46
Danke! 47
Impressum 48

Über das Programm Kultur.Forscher!

Im Sommer 2008 haben die Deutsche Kinder- und Jugendstiftung und die PwC-Stiftung Jugend – Bildung – Kultur das Modellprogramm Kultur.Forscher! ins Leben gerufen. Das Ziel der beiden Stiftungen war es, das forschende Lernen im Bereich der kulturellen Bildung zu fördern und so möglichst viele junge Menschen an Kunst und Kultur heranzuführen. Mit dem Programm unterstützen wir Schulen dabei, den Ansatz der Ästhetischen Forschung zu erproben und nachhaltig zu verankern.

Als Kulturforscher gehen die Kinder und Jugendlichen ihren eigenen Fragen nach. Sie suchen mit kreativen, wissenschaftlichen und künstlerischen Mitteln nach Antworten. Begleitet werden sie dabei von ihren Kulturpartnern, wie z.B. Museen und Theatern, aber auch von freischaffenden Künstlerinnen und Künstlern.

Im September 2014 startete bereits die dritte Phase des Programms. Insgesamt beteiligen sich daran 27 Schulen aus sieben Bundesländern mit mehr als 11.500 Schülerinnen und Schülern. Einige der Schulen sind schon lange mit dabei, andere haben gerade erst begonnen, die Methode der Ästhetischen Forschung umzusetzen.

Gemeinsam mit den Schulen möchten wir diesen Ansatz noch weiter verbreiten und in andere Schulen und Bundesländer tragen. Das vorliegende Buch „Selbst entdecken ist die Kunst" unterstützt dieses Anliegen. Deshalb freuen wir uns, hiermit die zweite Auflage vorlegen zu können und wünschen allen Interessierten viele Anregungen und Freude bei ihrer Arbeit.

Lutz Roschker, Vorstandsmitglied, PwC-Stiftung Jugend – Bildung – Kultur &
Dr. Heike Kahl, Geschäftsführerin, Deutsche Kinder- und Jugendstiftung

WWW.KULTUR-FORSCHER.DE

Über dieses Buch

Bevor Sie damit beginnen, dieses Buch zu lesen: Fragen Sie drei oder mehr Personen einmal danach, wie sie sich einen typischen „Forscher" vorstellen. Falls Sie einen Stift und ein Blatt Papier zur Hand haben, können Sie sie auch um eine kleine Zeichnung bitten. Mit hoher Wahrscheinlichkeit entsteht durch Worte oder auf dem Zeichenblatt das Bild eines Mannes (!), der einen weißen Kittel trägt, graues Haar und vielleicht eine Brille auf der Nase hat und in einem Labor mit Reagenzgläsern, einem Mikroskop oder einer Lupe hantiert.

In unseren Köpfen ist das Forschen fest mit den Natur- oder Geisteswissenschaften verknüpft. Umso ungewöhnlicher mag das Anliegen dieses Buches erscheinen, die Methode des forschenden Lernens auf den Bereich der Kunst und Kultur zu übertragen und zugleich in den Schulalltag zu integrieren. Die Erfahrungen aus unserem Programm *Kultur.Forscher!* haben uns jedoch gezeigt, dass eine forschende künstlerisch-ästhetische Auseinandersetzung mit Alltagsphänomenen, Irritationen und Fragen ein wichtiger und vor allem erkenntnisfördernder Baustein für die Gestaltung von Unterricht und Schule sein kann. Leitidee und Grundlage solcher Forschungsprojekte ist die von Helga Kämpf-Jansen begründete Ästhetische Forschung.

Dieses Buch bündelt das Wissen und die Erfahrungen, die wir gemeinsam mit den Lehrkräften, Kulturpartnern und vielen klugen Begleitern gesammelt haben. Wir hoffen, dass Sie beim Lesen Lust bekommen, sich auf das Abenteuer der Ästhetischen Forschung einzulassen und dass wir Ihnen hilfreiche Anregungen für die Umsetzung Ihrer Ideen geben können.

Christina Leuschner & Andreas Knoke, Deutsche Kinder- und Jugendstiftung

Teil 1
Von der Idee und dem Wert Ästhetischer Forschung

1 Was ist Ästhetische Forschung?

—Manfred Blohm & Christine Heil

Ästhetische Forschung

Was bedeutet „ästhetisch" in der Ästhetischen Forschung? Geht es um besonders schöne Inszenierungen oder um Kunstobjekte, die nett anzusehen sind? Oder darum, etwas bereits Fertiges zusätzlich bunt und hübsch zu machen? Nein, ganz im Gegenteil: Das Ästhetische der Ästhetischen Forschung ist wesentlicher Bestandteil der Handlungs-, Entscheidungs- und Denkprozesse und hat damit Erkenntnisfunktion. Ästhetische Anteile in Lern- und Forschungsprozessen ernst zu nehmen bedeutet, auf das „Wie" des Herstellens, Herausfindens und Sammelns zu achten und auch Assoziationen, Erinnerungen und Gefühle, die durch etwas provoziert werden, in den Arbeitsprozess einzubeziehen. Es geht um einen Forschungs- und Erkenntnisprozess, dessen Ergebnis zunächst zweitrangig ist. Dafür gilt es, immer wieder neue angemessene Formen der Kommunikation, Aufzeichnung und Darstellung zu suchen, denn ästhetische Wahrnehmungen verfliegen schnell. Und sie können sich auch auf Hässliches beziehen oder unangenehme Reaktionen hervorrufen. Ästhetische Forschung will ungewöhnliche und vielleicht eigensinnige Vorgehensweisen mit vollem Bewusstsein ausprobieren, um genau zu beobachten, was sie bewirken – und erst danach zu entscheiden, ob man weiter so vorgeht oder etwas ändert.

In ästhetischen Forschungsprozessen sind die individuellen Wahrnehmungen und Alltagserfahrungen ebenso wichtig wie das ästhetische und das wissenschaftliche Wissen. Deshalb bleiben ästhetisch Forschende im Gegensatz zu Wissenschaftlerinnen und Wissenschaftlern hinter ihrer Forschung sichtbar: Sie bedienen sich neben wissenschaftlichen Methoden gleichermaßen unterschiedlicher Verfahren und Erkenntnisweisen

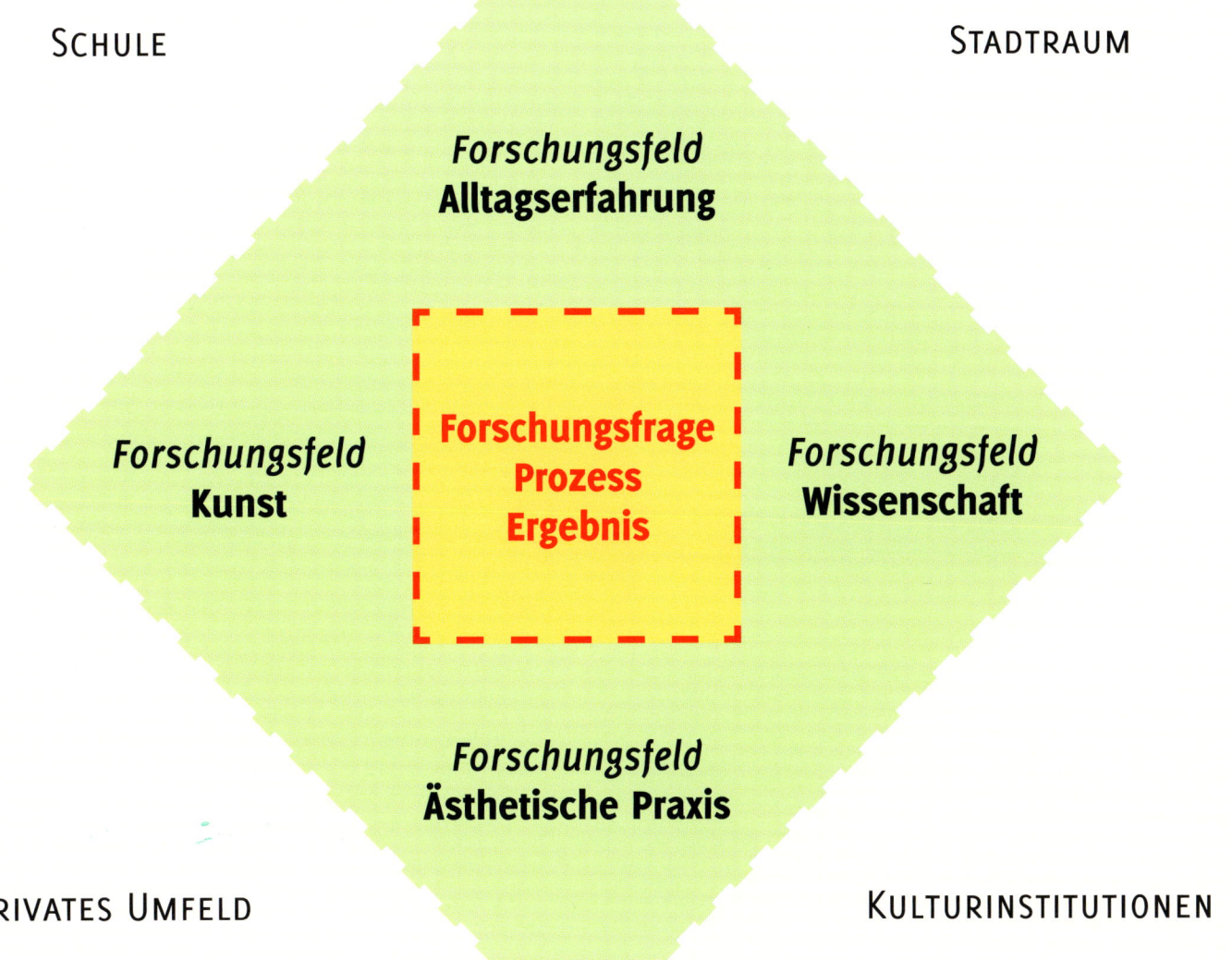

Abb. 1: Leitidee *Kultur.Forscher!*

des Alltags und der Kunst, insbesondere der Gegenwartskunst. Jeder dieser unterschiedlichen Bereiche ist wiederum sehr vielfältig und komplex. Aber es werden sich jeweils spezifische Qualitäten zeigen, wenn man sich mit einer besonderen Forschungsfrage in einen dieser Bereiche begibt.

Die Leitidee

Eine Orientierung für den Prozess der Ästhetischen Forschung bietet die „Leitidee" (siehe Abb.1), die im Rahmen des Programms *Kultur.Forscher!* entwickelt wurde und durch drei Thesen konkretisiert wird:

These 1

Am Anfang jeder Ästhetischen Forschung entsteht allmählich eine Frage, die während des Forschungsprozesses im Spannungsfeld der vier Forschungsfelder bearbeitet wird. Die Einbeziehung der verschiedenen Forschungsfelder spiegelt sich dadurch auch in den Zwischen- und Endergebnissen wider.

These 2

Ästhetische Forschung findet dann statt, wenn die Forschungsfelder (Alltagserfahrung, Kunst, Wissenschaft und ästhetische Praxis) in die Arbeit einbezogen werden. Dabei wird es immer wieder wechselnde Schwerpunktsetzungen geben, sodass immer wieder andere Aspekte im Vordergrund stehen: mal die Alltagserfahrung, mal Verfahren und Strategien der Kunst, mal wissenschaftliche Verfahren und mal ästhetische Praxis oder Kombinationen davon.

These 3

Für Schülerinnen und Schüler, die ästhetisch forschen, sind die Schule, der Stadtraum, das private Umfeld und Kulturinstitutionen die entscheidenden Bezugsräume.

Abb. 2

Abb. 3

Die vier Forschungsfelder

Forschungsfeld Alltagserfahrung

Quellen: *Bilder, Dinge, Sammlungen, Biografisches, Selbstorganisation*
Beobachten wir uns einmal selbst, wie wir uns im eigenen Alltag organisieren, kommen uns bereits eine ganze Menge an Strategien in den Sinn: sammeln, um eine Vielfalt zu erzeugen, um etwas wiederzufinden oder um sich an etwas zu erinnern, nach Farbe, Größe, Verfallsdatum sortieren, markieren, beschriften, Eselsbrücken bauen, nach Mögen und Nichtmögen unterscheiden, Listen schreiben, arrangieren, etwas schön hinstellen oder es sich gemütlich machen, sich von anderen unterscheiden oder Gemeinsamkeiten herstellen. Neben den eigenen biografischen Erfahrungen gibt es manchmal auch Wissensbestände in Familiengeschichten, wie sie in Fotoalben, Tagebüchern oder Internetblogs dokumentiert und gespeichert wurden.

Zur Alltagserfahrung gehört auch, das Alltägliche neu zu betrachten und auf Zufälle zu achten. Auf den beiden Fotos (Abb. 2 und 3) sieht man Papiermüll, der achtlos liegen gelassen oder dort hingeweht und dem Wetter ausgesetzt wurde. Was könnte daran die Aufmerksamkeit erwecken? Das Wort „Wünsche", das auf einem der Blätter noch deutlich heraussticht? Oder Fragen nach dem alltäglichen Umgang mit den Dingen, die man nicht mehr braucht? Welchen Dingen schenken wir in unserem Alltag überhaupt Aufmerksamkeit und welche ignorieren wir? Entstehen könnte beispielsweise so etwas wie ein Forschungsfeld der unbeachteten Dinge des Alltags, die uns umgeben.

Forschungsfeld Kunst

Quellen: *aktuelle und historische Kunst*
Die Kunst ist so bunt wie die Welt rund ist, und es gibt so viele verschiedene künstlerische Arbeitsweisen, wie es Künstlerinnen und Künstler gibt. Die Motivation für künstlerisches Handeln entsteht aus subjektiven Reaktionen und einzelnen Momenten: Ideen für ein Vorhaben müssen nicht begründbar oder vergleichbar sein. Aber die Vorgehensweisen bestehen in Teilen immer aus der großen Vielfalt bereits erfundener und realisierter künstlerischer Möglichkeiten. Auch Künstlerinnen und Künstler beziehen sich häufig auf nicht-künstlerische Bereiche und arbeiten im öffentlichen Raum oder in sozialen Feldern. Aber sie tun es vom Standpunkt eines Künstlers aus und nicht mit der Motivation eines Stadtplaners oder in der Rolle des Leiters eines Jugendzentrums. Damit sind für einen Handelnden jeweils andere Dinge wichtig und die Orientierung ist unterschiedlich.

Was könnten die Fotos (Abb. 2 und 3) mit Kunst zu tun haben? Dieter Roth (1930–1998) mischte in seine Objekte Zucker, Schokolade, Käse, Joghurt oder Salami und machte sie so vergänglich. Seine Kunst war nicht für die Ewigkeit gedacht, sondern ihn interessierte der allmähliche Verfall: die Übergänge seiner Werke in andere Zustände und die Vergänglichkeit. Was auf den beiden Fotos sichtbar wird, sind Auflösungs- und Umwandlungsprozesse von Material. Dies sind Prozesse, die viele Künstlerinnen und Künstler thematisieren oder in ihre Arbeiten einbeziehen. Beispielsweise schaffen Land-Art-Künstler wie Richard Long (geb. 1945) oder Andy Goldsworthy (geb. 1956) häufig temporäre Objekte, die dem Wind und dem Wetter ausgesetzt sind und allmählich überwuchert werden, erodieren oder in den Naturkreislauf übergehen. Das, was auf den Fotos zu sehen ist – nämlich achtlos weggeworfenes und liegen gelassenes Papier, das dabei ist, sich aufzulösen –, ähnelt dem, was manche Künstlerinnen und Künstler bewusst thematisieren, beobachten und dokumentieren. Die Künstlerin Rachel Whiteread (geb. 1963) geht sogar noch weiter und zeigt Ansichten von Dingen, die wir sonst nicht sehen können: Sie verkehrt den Alltagsblick auf die Dinge, indem sie gerade den eingeschlossenen Raum – die Negativräume von Häusern, Gegenständen und Räumen – sichtbar macht und ausstellt.

Forschungsfeld Wissenschaft

Quellen und Methoden: *vorwissenschaftliche und wissenschaftliche Texte, literarische Texte, Internetseiten mit Erklärungen zu Forschungen, Archive, Lexika, Forschungsmethoden (Interview, Experiment, Messungen, Dokumentation)*
So könnte eine andere Anleitung zur Ästhetischen Forschung auch heißen: „Sich dumm stellen ist verboten!" Ästhetische Forschung bezieht alle

zugänglichen Wissenskontexte mit ein. Manchmal kann man auch direkt eine Fachfrau oder einen Fachmann befragen.

Die beiden Fotos (Abb. 2 und 3) könnten Anlass sein, sich mit chemischen Prozessen bei der Auflösung von Papier zu befassen. Welche Prozesse laufen ab, wenn Papier Regen, Wind und Sonne ausgesetzt ist? Was passiert, wenn wir eine Zeitungsseite einen Monat lang in ein mit Wasser gefülltes Glas stecken und es am Fenster in die Sonne stellen? Was bleibt übrig, wenn wir anschließend das Wasser verdunsten lassen? Oder: Wie kommt es, dass in dem dunklen Schacht plötzlich Pflanzen wachsen und sich durch das Gitter drängen? Welche minimalen Bedingungen brauchen Pflanzensamen, um zu keimen? Es wäre auch denkbar, ein Stück Papier in der Stadt „auszusetzen" und täglich den Zustand und Aufenthaltsort zu dokumentieren.

Forschungsfeld ästhetische Praxis

Quellen: *Verfahren und Praxen der aktuellen und historischen Kunst und der Alltagsästhetik*
Die Vielfalt ästhetischer Praxis ist sowohl im Alltag als auch in der Kunst zu entdecken. Hierzu zählen neben den klassischen Tätigkeiten aus dem Kunstunterricht oder dem Darstellenden Spiel auch alle praktischen Vorgehensweisen des Alltags: malen, zeichnen, schneiden, kleben, drucken, fotografieren, filmen, beschreiben, collagieren, nähen, anordnen, aufhängen, kombinieren, sich verkleiden, nachspielen, in Pantomimen übersetzen, darstellen etc. Wichtig ist auch hier, dass das „Wie" des Vorgehens eine besondere Wertschätzung erfährt: Nicht das schöne Produkt, sondern die Beobachtungen und Erfahrungen beim Herstellen sind für die Ästhetische Forschung ausschlaggebend.

Subjektbezug und Prozessorientierung

In der Ästhetischen Forschung kann alles am Anfang stehen. Das heißt aber, dass nichts an den Anfang gestellt wird. Irgendetwas muss Aufmerksamkeit wecken, Fragen hervorrufen, Motivation für echte Versuche und noch unbekannte Vorgehensweisen sein. Doch was dieses „Etwas" ist, kann nur der oder die Forschende selbst bestimmen. Und eigentlich muss es nicht bestimmt, sondern nach und nach gefunden werden. Das geht nur, indem Subjektivität provoziert und ernstgenommen wird. Denn der Weg, um zu einer Frage zu finden, ist bereits Teil der Ästhetischen Forschung. Anstatt Fragen und Ziele vorzugeben, werden Rahmungen, Institutionen und Orte vorgegeben. Wie sich Schülerinnen und Schüler darin bewegen, ist immer wieder neu zu erarbeiten und zeigt sich im Forschungsprozess.

Die beiden eingangs vorgestellten Fotos (Abb. 2 und 3) können beispielsweise unterschiedlichste Anlässe schaffen, an denen Schülerinnen und Schüler mit ihrer Neugier und ihren Interessen andocken können. Wenn Kinder und Jugendliche – zum Beispiel an Stationen – unterschiedliche künstlerische, wissenschaftliche und an Alltagspraxen orientierte Verfahren kennengelernt haben, dann sind sie in der Lage, eigene individuelle Forschungsprojekte ausgehend von ihren Interessen zu entwickeln. Das, was die Fotos zeigen, könnte zum Anlass werden, sich mit der Vergänglichkeit forschend auseinanderzusetzen. Oder die Bilder könnten übersetzt werden, zum Beispiel in ein Thema wie die Metamorphosen und Wandlungen der eigenen Person, die auf Fotos sichtbar werden. Ein weiteres Thema könnte die Veränderung der Haut vom Kleinkind bis zum alten Menschen sein. Ebenso wäre es möglich, dass ein Interesse für eine Archäologie des eigenen Stadtteils entsteht. Welche Reste menschlicher Lebensspuren finden wir, wenn wir beispielsweise auf dem Schulgelände ein Loch ausheben? Welche anderen Dinge kommen zum Vorschein?

Auch aus den Textfragmenten des sich auflösenden Zeitungspapiers lassen sich Themen entwickeln. Oder aus Aspekten wie dem Unsichtbaren, das durch den Gitterrost verborgen wird. Was wird sichtbar, wenn man in dunkle Öffnungen mit Blitzlicht hineinfotografiert? Welche verborgenen Welten werden sichtbar? Welche Phantasien entstehen, die vielleicht mit eigenen biografischen Erfahrungen und Ängsten oder mit Phantasiewelten der Massenmedien zu tun haben, die Kinder und Jugendliche alltäglich konsumieren, aber selten produktiv handelnd gestalten?

2 Warum brauchen wir Ästhetische Forschung in der Schule?

—*Christina Leuschner & Heike Riesling-Schärfe*

Fünf gute Gründe und eine Notwendigkeit

Bildung kann man nicht machen. Bildung kann entstehen, sie kann gelingen. Herstellen nach einem definierten Produktionsprozess lässt sie sich nicht. Bildung kann gelingen, wenn günstige Erfahrungsräume für sie bereitstehen. Bildung kann auch gelingen, wenn sie Begeisterung hervorruft.

Durch den Ansatz der Ästhetischen Forschung laden wir Kinder und Jugendliche ein, solche günstigen Erfahrungsräume für Bildung in der Schule zu betreten: einer Schule, die ihre Räume öffnet und die Welt hineinlässt. Wir laden sie ein, eigene Wege zu entdecken, in unterschiedlichen Fächern und mit Themen, die sie interessieren. Schülerinnen und Schüler gehen auf Expeditionen, aber auch die Lehrkräfte werden zu Entdeckern. Sie entdecken in den Fragen der Kinder und Jugendlichen Dinge, die sie begeistern, die sie mögen. Dadurch inspiriert, ermutigen sie ihre Schülerinnen und Schüler und begleiten sie dabei, sich zu bilden.

Für Ästhetische Forschung in der Schule gibt es viele gute Gründe. Die folgenden fünf halten wir für besonders wichtig:

1. Kulturelle Vielfalt entdecken

Jeder Mensch sieht die Welt anders. Diese Vielfalt ist ein großer Schatz und gleichzeitig eine große Herausforderung, denn sie zwingt uns dazu, die eigene Sichtweise immer wieder zu hinterfragen und zu relativieren.

In der Ästhetischen Forschung sind die Vielfalt an Deutungsmustern und deren Subjektivität die treibende Kraft, um im Dialog mit anderen Neues zu entdecken. Es gibt kein richtig und kein falsch. Gerade

Ästhetisches Forschen sprengt Grenzen und öffnet Horizonte.

der künstlerische, oft auch irritierende Blick auf die Dinge eröffnet neue Möglichkeiten, sich selbst und die Welt zu begreifen. Bei der Ästhetischen Forschung geht es aber auch darum, verschiedene Perspektiven nachvollziehen zu können und miteinander zu diskutieren. Dadurch wird kulturelle Vielfalt erfahrbar.

2. Individualisiertes Lernen ermöglichen

Jeder Mensch lernt anders. Die Lernkultur einer Schule muss darauf eingehen, denn von ihr hängen die Leistungen und die Motivation der Schülerinnen und Schüler ab. Eine gute Lernkultur zeichnet sich durch Angebote aus, die an den Interessen und am Vorwissen der Kinder und Jugendlichen anknüpfen, sie herausfordern und ihnen Partizipationsmöglichkeiten bieten.

Bei der Ästhetischen Forschung sind Schülerinnen und Schüler aktive Gestalter ihres Lernens. Ihre eigenen Fragen und Interessen bilden

den Ausgangspunkt für Forschungsprojekte. Auch die Umsetzung und der Verlauf der Forschungen liegen weitestgehend in ihren Händen. Diese Offenheit ist für manche ungewohnt und vielleicht auch schwer auszuhalten. Deshalb haben ästhetische Forschungsprojekte im Kontext Schule klare Rahmen und Strukturen, in denen sich die Kinder und Jugendlichen selbstständig bewegen und ihre eigenen Lernwege gehen können. Unterstützung erhalten sie immer dann, wenn sie Hilfe benötigen.

3. Kinder und Jugendliche erfahren: Ich kann etwas!

Jeder Mensch braucht Zuversicht in sein Können. Sich selbst als wirksam zu erleben und zu erkennen, dass das eigene Handeln zu Erfolgen führt, ist eine grundlegende Lernerfahrung. Sie motiviert, stärkt das Vertrauen in die eigenen Kompetenzen und hilft, auch schwierige Situationen zu meistern.

Ästhetische Forschung traut Schülerinnen und Schülern etwas zu und fordert sie heraus. Die eigenen Ideen und Lösungswege stehen dabei im Mittelpunkt, die so unterschiedlich wie die beteiligten Personen selbst und selten geradlinig sind. Im Austausch mit Mitschülerinnen, Mitschülern und Erwachsenen werden Erfahrungen zu bedeutsamen Lernerlebnissen.

4. Kreativität und Wissen fördern

Mit dem Lernen wird man nie fertig. Wir stehen vor der Herausforderung, unser Wissen ständig zu erweitern und neu in Beziehung zu setzen. Umso wichtiger ist es, Kindern und Jugendlichen in der Schule nicht Inhalte zu vermitteln, sondern ihnen Strategien und Möglichkeiten an die Hand zu geben, sich eigenständig und kreativ Wissen anzueignen.

Ästhetische Forschung zielt darauf ab, die Selbstlernstrategien und -kompetenzen von Kindern und Jugendlichen zu fördern. Sie bietet Anregungen und Anlässe, gewohnte Pfade zu verlassen, und legt einen starken Fokus auf eine kreative und innovative Verknüpfung von Strategien und vorhandenem Wissen.

5. Fachgrenzen und Schulzäune überwinden

Kinder und Jugendliche entdecken die Welt nicht im 45-Minutentakt und auch nicht innerhalb von einzelnen Fächern. Lernen gewinnt erst dann an Bedeutung, wenn es in einem übergreifenden Kontext erscheint. Es muss einleuchten, was der Mensch in der Schule zu lernen hat.[1]

Ästhetische Forschung betrachtet ein Phänomen aus verschiedensten Perspektiven, geht über Fächergrenzen hinweg und stellt Verbindungen zu Themenbereichen her, die auf den ersten Blick gar nicht sichtbar waren. Ästhetische Forschung findet nicht im Labor statt, sondern in authentischen Kontexten: im Museum und Theater, im Archiv und auf der Straße, im Einkaufszentrum und im Krankenhaus, in der Familie und in der Nachbarschaft.

Ästhetische Forschung – eine Notwendigkeit

Sollen kulturelle Bildungsprozesse in der Schule gelingen, ist eine forschende Haltung von Lehrkräften, Künstlerinnen und Künstlern sowie Schülerinnen und Schülern notwendig. Eine forschende Haltung dient der Qualitätssicherung kultureller Bildungspraxis. Sie schafft Motivation und Begeisterung und damit die Voraussetzung für erfolgreiches Lernen.

Eine forschende Haltung in Bezug auf Schule, Schülerinnen und Schüler und künstlerische Zugänge trägt dazu bei, das jeweils Einzigartige des Kindes oder Jugendlichen, das Besondere des künstlerischen Zugangs und das Individuelle der Schule in den Blick zu bekommen.

Ästhetische Forschung sprengt Fächergrenzen, öffnet den Blick auf Alltägliches und Unscheinbares und erweitert den Zugang zu Kunst und Kultur. Bildungsprozesse werden auf das jeweils Spezifische des Raums, der Zeit und der Zielgruppe abgestimmt.

Kultur zu erfahren und von ihr bewegt zu werden, ist eine unverzichtbare Erfahrung. Schule hat die Verantwortung, Kindern und Jugendlichen diese Erfahrung zu ermöglichen.

---

[1] Vgl. Hameyer, Uwe (2009): Lernkompetent werden – Ziele moderner Bildung, unveröffentlichtes Scriptum, S. 9.

3 Auf dem Weg in die Schule der Zukunft: Forschendes Lernen in Kunst und Kultur

—*Christian Kammler*

Dem Potenzial des Menschen Raum geben ...

Wir sind im Jahr 2032. Wir befinden uns an einer Schule irgendwo in Deutschland. Die Gestaltung des Unterrichts unterscheidet sich deutlich von der vor zwanzig Jahren. War dort noch ein fester Fächerkanon vorgegeben, orientiert sich das Lernen im Jahr 2032 überwiegend an den Interessen der Schülerinnen und Schüler. Der Grund liegt auf der Hand: Die Komplexität der Welt, in der wir leben, hat sich in den vergangenen zwei Jahrzehnten weiter verdichtet. Die Art und Weise der Informationsaufnahme und ihrer Verarbeitung haben sich in dieser Zeit vervielfacht. Sowohl die Einrichtung eines Arbeitsplatzes als auch die Nutzung mobiler Endgeräte garantieren den ungehinderten Zugriff auf Informationen von jedem Ort aus, zu jeder Zeit. Aber nicht allein die Verfügbarkeit von Informationen, auch der Mensch, die Gesellschaft insgesamt und damit die Schule wurden in diesem Sinne „mobilisiert".

War es bis zum Ende des 20. Jahrhunderts noch schwierig, mit Schülerinnen und Schülern außerschulische Lernorte zu nutzen, ist es im Jahr 2032 Normalität, an anderen Orten als dem Klassenraum zu lernen und dadurch Informationen aus erster Hand zu erhalten. In den zurückliegenden zwanzig Jahren wurde erkannt, dass einerseits die Selektion und Verarbeitung von Informationen und andererseits aber auch das persönliche Interesse an Erkenntnisgewinn auf breiter Basis gefördert werden müssen. Das ist keine ganz neue Erkenntnis, denn in vielen reformpädagogischen Bemühungen, wie zum Beispiel bei Hugo Gaudig,[2] wurde bereits in der ersten Hälfte des 20. Jahrhunderts sichtbar, wie wichtig die selbstständige Gestaltung von Lernprozessen für Schülerinnen und Schüler ist. Doch die Bemühungen, sich in der Schule in einer solchen forschenden Weise mit Unterrichtsthemen auseinanderzusetzen, wurden in der Regelschule bis Anfang der 2010-er Jahre nur zögerlich aufgenommen. Sie setzte weiter auf überprüfbare Inhalte, was durch internationale Vergleichstests, wie die damals im Fokus der Aufmerksamkeit stehende PISA-Studie, noch unterstützt wurde.[3]

Was eigentlich ist „Forschendes Lernen"?

Zurück ins Jahr 2012. Forschendes Lernen spielt in der Schule nach wie vor nur eine untergeordnete Rolle. Der Kanon des tradierten Unterrichts bestimmt weiterhin den Schulalltag vieler Schülerinnen und Schüler. Aber es gibt erste erfolgreiche Ansätze und eine intensive Auseinandersetzung mit den grundlegenden Fragen, inwiefern „Forschendes Lernen" im Kindesalter überhaupt möglich ist und ob es im Kontext von Schule tatsächlich dem Erkenntnisgewinn dient oder ein bloßes „Nacherfinden von Bekanntem" darstellt.[4]

---

2 „In der Arbeitsschule soll der Schüler während der gesamten Arbeitsvorgänge selbstständig sein [...]. Kein Hörsaal, sondern eine Werkstatt soll die Schulstube sein, eine Stätte, in der der Schüler sich Erkenntnisse und Fertigkeiten arbeitend erwirbt, nicht eine Stätte, wo ihm Wissen eingedrillt wird [...]" (Hugo Gaudig bei einem Vortrag in Dresden 1911, zitiert nach: Stumpf, Hildegard (2007): Die wichtigsten Pädagogen, Wiesbaden: Marix, S. 110).

3 Vgl. Holzapfel, Hartmut (2009): Zehn Jahre später – Eine Polemik aus gegebenem Anlass. In: Bosse, Dorit / Posch, Peter: Schule 2020 aus Expertensicht, Wiesbaden: VS-Verlag, S. 28.

4 Messner, Rudolf (2009): Forschendes Lernen aus pädagogischer Sicht. In: Messner, Rudolf (Hrsg.): Schule forscht. Ansätze und Methoden zum forschenden Lernen, Hamburg: edition Körber-Stiftung, S. 15.

In der Auseinandersetzung mit dieser Fragestellung isoliert der Kasseler Erziehungswissenschaftler Rudolf Messner drei verschiedene Arten von „Forschung":

1. „Entdeckendes Lernen" beschreibt er als eine Methode, bei der es sich – aufgrund ihres weniger stark ausgeprägten wissenschaftlichen Vorgehens – eher um eine „Vorform des forschenden Lernens" handelt. Ein Beispiel dafür wäre die Erkundung von Schallphänomenen durch Kinder.
2. Als eine zweite Form, die dem forschenden Lernen nahe steht, benennt er den Projektunterricht. Er zielt vor allem auf praktische und gesellschaftlich relevante Ergebnisse, verfolgt dabei jedoch selten ein spezifisches Erkenntnisziel. Als Beispiel verweist er auf ein Projekt, in dem sich Jugendliche mit dem Thema „Jung und Alt" in der Geschichte auseinander setzen.
3. Als einen dritten Ansatz stellt Messner ein Vorgehen dar, bei dem ein „nachvollziehendes Forschen" zunächst als Mittel des Lernens eingesetzt wird, um dann in ein zunehmend selbstständiges Forschen überzugehen. Als Beispiel dient ein Vorhaben, bei dem Abiturienten einen Werkstoff untersuchen, um ihn unter einer bestimmten Aufgabenstellung zu verbessern.

In allen drei Bereichen sieht Messner wichtige Hinweise, wie forschendes Lernen bei Schülerinnen und Schülern angeregt werden könnte.[5]

Forschendes Lernen im Kontext von Kunst und Kultur

Messners Analysen weisen deutlich auf die Möglichkeiten hin, die das ästhetische Lernfeld für forschende Prozesse bietet. So soll forschendes Lernen unter anderem einer „Erfahrungsbildung"[6] der Schülerinnen und Schüler zuträglich sein, was im Verständnis ästhetischer Lernprozesse eine bedeutende Rolle spielt. Denn anders als bei „Formen der Weltaneignung [...], die [...] eine Stufe nach der anderen hinter sich zu bringen heischen", geht es bei ästhetischen Lernprozessen „um ein kreisendes tastendes Vergegenwärtigen, das sich einlässt".[7]

Was bedeutet dies konkret? Zunächst zielen alle ästhetischen Lernfelder auf eine Sensibilisierung für Wahrnehmungsebenen. Indem die Wahrnehmung des Individuums für sich selbst, sein Gegenüber und die damit zusammenhängende Deutung gesellschaftlicher Zusammenhänge im Kontext von Zeit und Raum geschärft wird, ereignen sich Formen der Weltaneignung. Sie führen, wenn sie für den weiteren Lernprozess nutzbar gemacht werden, zu einem tieferen Erkenntnisgewinn. Allerdings ist die Sensibilisierung des Einzelnen im Sinne einer Wahrnehmungsschulung allein nicht genug: „Entscheidend ist, dass die erste Begegnung zu einem Wissen- und Könnenwollen führt, das die weitere Lernanstrengung trägt."[8] In diesem Zusammenhang bieten ästhetische Handlungsweisen aufgrund der in ihnen verborgenen und für das effektive Lernen geforderten lebensnahen Bezüge[9] besondere Möglichkeiten, das Interesse am Wissenserwerb zu fördern.

Der ästhetisch-kulturelle Bereich ist offen für vielfältige Zugangswege, die das forschende Interesse der Schülerinnen und Schüler wecken können. Bei gleichzeitig starker Prozess- und Produktorientierung fordern sie die Lernenden zu einer verdichteten Auseinandersetzung auf, die in Tiefe und Anspruch die Bedeutung von Lernerfolgskontrollen deutlich überschreitet. Da es sich im Kontext kulturell-ästhetischen Handelns und Forschens immer um eine konstruktiv-kritische Auseinandersetzung sowohl mit dem Prozess als auch mit dem Produkt handelt, kommt der Lernatmosphäre (Lernort und gruppendynamisches Miteinander), bezogen auf die maßgeblichen Kategorien „Klarheit, Ordnung und Harmonie",[10] eine besondere Bedeutung zu. Ein Ziel in diesem Zusammenhang ist es, eine Kultur der Wertschätzung zu pflegen, die einerseits Grundvoraussetzung für forschendes Lernen, aber eben auch Teil des schulischen Bildungsprozesses ist.

Abb. 4: Stundentafel Jahrgänge 5 bis 10

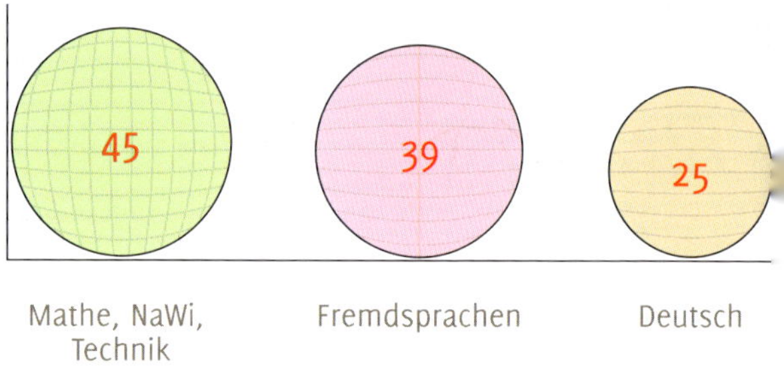

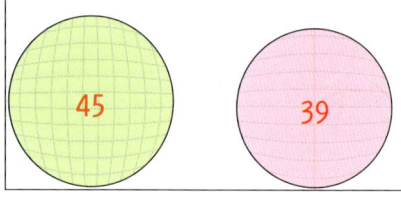

Mathe, NaWi, Technik — Fremdsprachen — Deutsch

---

5 Messner, ebd., S. 26.

6 Bastian, Johannes (1991): Schüler als Forscher. In: Pädagogik, Heft 2/1991, S. 6–11.

7 Rumpf, Horst (1987): Belebungsversuche, Weinheim, S. 12.

8 Kahlert, Joachim u. a. (2006): Ästhetische Bildung – auf dem Weg zu einer Ästhetik des Lehrens und Lernens. In: Kahlert, Joachim u. a. (Hrsg.): Ästhetisch bilden, Braunschweig: Westermann, S. 31.

9 Das Konsortium der Studie zur Entwicklung von Ganztagsschulen (2010): Ganztagsschule: Entwicklung und Wirkung. Ergebnisse der Studie zur Entwicklung von Ganztagsschulen 2005 bis 2010, Online-Veröffentlichung, PDF zum Download, www.projekt-steg.de (Stand: Oktober 2011).

10 Kahlert, ebd., S. 30.

Forschendes Lernen als Teil von Schulentwicklung

Die Erfahrungen aus dem Programm *Kultur.Forscher!* zeigen, dass Ästhetische Forschung durchaus auch Auswirkungen auf der Ebene der Schulentwicklung hat. So ergeben sich vielfältige Kooperationsebenen in alle ästhetischen Lernfelder hinein und verändern so schon im Ansatz das Verständnis von Lernen und Lehren in der Schule.

Traditionell ist das ästhetische Lernfeld in Deutschlands Schulen eher unterrepräsentiert. In den von den Kultusministerien ausgewiesenen Stundentafeln dominieren noch immer die Fächer Musik und Kunst, gefolgt von einer optionalen Möglichkeit, Darstellendes Spiel anzubieten. Die Stundentafel fasst zwar die Lernbereiche Sprache und Kunst organisatorisch zusammen, die inhaltlich-methodischen Anliegen der beiden Lernfelder unterscheiden sich allerdings eindeutig voneinander.

So werden im Regelfall für das ästhetische Lernfeld von Jahrgang 5 bis 10 insgesamt 16 Wochenstunden vorgesehen, die jedoch häufig aufgrund von Fachlehrermangel nicht abgedeckt werden können. Felder wie Tanz, Kreatives Schreiben oder ästhetisch-gestaltende Arbeit, auch mit neuen Medien, bleiben im Pflichtunterricht weitgehend unberücksichtigt. In der nachfolgenden exemplarischen Stundentafel[11] wird die schwache Ausprägung künstlerischer Fächer noch einmal deutlich (vgl. Abb. 4).

Im Kontext der Bemühungen, ästhetischem Lernen an Schulen einen angemessenen Raum zu geben, zeichnen sich zwei verschiedene Profile ab. „Schulen mit musischem Schwerpunkt" fördern durch besondere Angebote stark das künstlerische Potenzial der zumeist außerschulisch vorgebildeten Schülerinnen und Schüler. Dies erfolgt meist in Form von speziellen Neigungsangeboten oder auch durch ein anspruchsvolles Kurs- und Leistungskursangebot. Andere Schulen, die an einem Schulprofil Kulturelle Praxis (vergleichbar mit dem Profil „Kulturschule") arbeiten, sehen sich eher aufgerufen, eine „Kultur für alle" an ihrer Schule zu schaffen und ästhetische Handlungsweisen zu nutzen, um unerschlossene Potenziale ihrer Schülerinnen und Schüler zu entfalten und diesen in einem synergetisch aufeinander bezogenen „kreativen Feld" Raum zu geben. Dadurch erhalten die Kinder und Jugendlichen die Möglichkeit, sich auf einer neuen Ebene mit der eigenen Person sowie Formen gesellschaftlicher Teilhabe auseinanderzusetzen. Dieser Gedanke wird auch mithilfe des forschenden Lernens in Kunst und Kultur aufgenommen und fördert dadurch die Kulturelle Praxis an Schulen. Denn Schulen werden herausgefordert, einerseits ästhetische Handlungsweisen fächervernetzend im Pflichtunterricht anzuwenden und andererseits strukturelle Entscheidungen zu treffen und die notwendigen räumlichen, zeitlichen und personellen Rahmenbedingungen sicherzustellen.

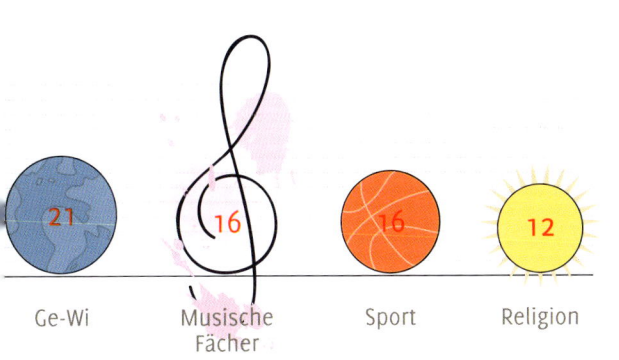

Dem Ziel, ausgehend vom vorhandenen Potenzial der Schülerinnen und Schüler kreative Felder zu schaffen, arbeitet auch das Anliegen zu, die Rolle der Lehrkraft im Sinne eines Lernbegleiters neu zu definieren – und nicht nur den außerschulischen Lernort in besonderer Weise zu nutzen, sondern auch den hier verorteten „Künstler" bzw. „Kunstvermittler" als Synergiepartner zu begreifen.

Ausblick

Es gibt noch viel zu tun, bis die eingangs skizzierte Zukunftsvision Realität an deutschen Schulen sein wird. Grundlegende Schritte sind getan. Die Tendenz, Schulen mehr Selbstständigkeit zu geben, um die Kompetenzförderung individuellen Bedingungen anzupassen, ist ein durchaus positiver Ausgangspunkt dafür. Jetzt sind vor allem die Schulen herausgefordert, diese neuen Freiräume zu nutzen und Bildung als einen „dem Potential des Menschen auf unterschiedlichsten Ebenen Raum gebenden"[12] Prozess zu begreifen. Der Ansatz des forschenden Lernens im kulturellen Bereich kann dazu wichtige Anstöße anbieten.

Ge-Wi	Musische Fächer	Sport	Religion
21	16	16	12

[11] Siehe www.kultusministerium.hessen.de/irj/HKM_Internet?cid=db573f4fe1acf62bd811880337791921 (Stand: Oktober 2011).

[12] Burow, Olaf-Axel (1999): Die Individualisierungsfalle, Stuttgart, S. 82.

Teil 2
Ästhetische Forschung braucht einen Rahmen

4 Die Stärken nutzen: Zur Kooperation von Schulen und Kulturpartnern
—Sabine Brandes

„So schlimm war das eigentlich gar nicht", sagte ein Schüler zu seinem Klassenkameraden nach dem Besuch eines Museums im Rahmen des Kultur.Forscher!-Programms. Beide waren zum ersten Mal im Museum und sichtlich überrascht, was es dort zu entdecken gab. Zwei Jahre später gehörten sie zu einer Schülergruppe, die eigenständig eine kleine Ausstellung zur Frage der Verortung von Heimat erarbeitete. Auf dem Weg dorthin besuchten sie verschiedene Museen, informierten sich über Ausstellungsarchitektur, studierten Farbkonzepte, erkundeten den Unterschied zwischen Wechselausstellung und Dauerausstellung und ganz nebenbei lernten sie einiges über mittelalterliche Reichsstädte und Kriege des 20. Jahrhunderts – lange bevor diese Themen für sie im Lehrplan standen.

Kultureinrichtungen als Begegnungs- und Lernorte

Das Beispiel zeigt, wie eine Kultureinrichtung für Schülerinnen und Schüler zu einem wichtigen außerschulischen Ort des Lernens wurde. Nicht alle Kinder und Jugendliche kennen Museen, Kunstausstellungen, Konzerte oder Theateraufführungen aus eigener Erfahrung. Deshalb ist bereits die Möglichkeit, solche Orte zu erleben und kennenzulernen, ein guter und wichtiger Grund für Schulen, mit Kulturpartnern zu kooperieren.

Deutschland verfügt über ein sehr dichtes Netz an staatlichen und freien Institutionen, in denen Kultur entsteht und angeboten wird. Die Vielfalt ist groß: Es gibt über 400 Theater und zahllose freie Theatergruppen, etwa 130 Opern, Sinfonie- und Kammerorchester.[13] Dazu kommen rund 6000 Museen[14] – vom ganz großen Haus über Privatmuseen bis hin zu Stadt- und Spezialmuseen. In soziokulturellen Zentren wird ebenso Kultur produziert und gezeigt wie in Literaturhäusern, Kunstvereinen, Galerien oder in Ateliers, Werkstätten und Probenräumen bei freien Künstlerinnen und Künstlern. An all diesen Orten der Kultur arbeiten Menschen hoch spezialisiert und konzentriert an der Umsetzung kreativer Ideen. Die Premiere oder die Ausstellungseröffnung ist immer das Ziel, auf das alle Beteiligten gemeinsam hinarbeiten. Und nach der Premiere oder Vernissage fängt alles von vorne an und das kreative Rad dreht sich erneut.

Über die reine Begegnung hinaus ergeben sich vor allem aus der aktiven Teilhabe an kreativ-künstlerischen Arbeitsprozessen im professionellen Kulturbereich eine Menge Synergien, die es aus Sicht von Schulen zu nutzen gilt. Die Vielfalt an Einrichtungen bietet zahlreiche Kooperationsmöglichkeiten für fast alle Fachbereiche: Deutsch im Theater und Geschichte im Archiv, aber auch Physik in der Kunsthalle oder Politik im Ballettsaal. Ausgangspunkt muss dabei nicht immer eine konkrete Projektidee sein, sondern oft reicht es aus, ein Themenfeld zu formulieren und mit den Kulturschaffenden in einen Dialog über Möglichkeiten der Zusammenarbeit einzusteigen. Die jeweiligen Landesvereinigungen für kulturelle Kinder- und Jugendbildung oder Vernetzungsangebote, wie sie die Kulturministerien in der Regel zur Verfügung stellen, bieten bei der Suche nach einem kulturellen Kooperationspartner Unterstützung und Informationen.

Die Stärken der Kulturpartner: Anspruch und Professionalität

Die künstlerisch-ästhetischen Ansprüche des etablierten Kulturbetriebs und der frei arbeitenden Künstlerinnen und Künstler sind hoch, denn sie sind das wichtigste Qualitätsmerkmal. Und die damit verbundene Professionalität der Arbeit ist ein wichtiger Aspekt für die Zusammenarbeit zwischen Schulen, Kultureinrichtungen und freien Kunstschaffenden.

In den vergangenen Jahren wurden an fast allen Kulturinstitutionen pädagogische Abteilungen eingerichtet, und auch freie Künstler und Gruppen machen Angebote, um jungen Menschen Kunst und Kultur verständlich zu machen oder ihnen eine Annäherung an künstlerische Schaffensprozesse zu ermöglichen – beispielsweise durch Erläuterungen und Gespräche im Vorfeld, eigene künstlerische Aktivitäten oder eine gemeinsame Reflexion im Anschluss an einen Besuch.

Der originäre Kontakt zu Künstlern und den Künsten ist eine wichtige Voraussetzung, um überhaupt selbst kreativ arbeiten zu können. Wie wird an einer Rolle gearbeitet? Was passiert in einem Atelier? Wenn Künstlerinnen und Künstler Einblicke in ihre künstlerischen Probe- und Entwicklungsprozesse geben bzw. im Rahmen eines Projektes mit Schülerinnen und Schülern arbeiten, dann eröffnen sie ein neues, ungewohntes und oft auch unbemerktes Feld des Lernens. So etablierte sich im Zuge der Proben zu einem Theaterstück im *Kultur.Forscher!*-Programm an einer Hauptschule eigenständig eine Band und Schüler, die im Schulalltag als kompliziert galten, wuchsen in anspruchsvolle Hauptrollen hinein. Die Theaterleute boten mit ihrer Kreativität Rollenbilder an, die die Schülerinnen und Schüler für sich ausloteten.

Kooperationen mit Kulturpartnern bringen Bewegung in die Schule.

[13] Deutscher Bühnenverein, Bundesverband der Theater und Orchester, www.buehnenverein.de/de/theater-und-orchester/19.html (Stand: November 2011).

[14] Staatliche Museen zu Berlin, Institut für Museumsforschung, www.smb.museum/museen-und-einrichtungen/institut-fuer-museumsforschung/home (Stand: November 2011).

Viele Elemente, die in künstlerischen Arbeitsprozessen bedeutsam sind, lassen sich mit forschendem Lernen im Bereich der Kultur vergleichen. Es wird nachgedacht und ausprobiert, gefunden und verworfen. Neben Teamarbeit und Miteinander, Reflexion und Austausch stehen Phasen der Ratlosigkeit und Einsamkeit, gefolgt von angespannter Konzentration auf den Premieren- bzw. Präsentationstermin hin, dessen Form und Qualität oft nicht vorhersehbar sind. Die Künstler aller Sparten beherrschen diese Arbeitsformen und verbinden ihr professionelles Handwerk mit ihrer jeweils eigenen Kreativität. Dies ist einer der wichtigsten Aspekte, die Künstlerinnen und Künstler in kreative Prozesse in der Schule einbringen können.

Schüler und Schulen profitieren von der Zusammenarbeit

Künstlerische Arbeitsprozesse fördern bei Schülerinnen und Schülern individuelle Potenziale durch persönlichkeitsbildende Aspekte wie Körperwahrnehmung und Bewusstsein, Sprachbeherrschung oder Entdeckung der Kreativität. Durch das eigenständige, ausprobierende Arbeiten und die Kooperation mit Künstlerinnen und Künstlern entdecken sie neue kreative Forschungswege und auch das Sozialverhalten wird durch die gemeinsame Arbeit gefördert.

Solche schöpferischen Vorgänge bieten aber auch Schulen viele Anregungen, um fachübergreifendes Lernen voranzubringen und im Schulbetrieb zu verankern. Wenn sie im Zuge der Zusammenarbeit mit Kultureinrichtungen oder Künstlern diese Freiräume zum Experimentieren und Erforschen als neue Lernräume erkennen und eröffnen, verändern sie die Kultur des Lernens.

Kultur zu konsumieren, anzusehen, sich von ihr anregen und aufregen zu lassen, will gelernt sein. Dazu braucht man Vergleichsmöglichkeiten – also mehrere, am besten viele Besuche im Theater, im Museum oder in anderen Kulturorten. So können Schülerinnen und Schüler mögliche Schwellenängste gegenüber den etablierten Kulturtempeln überwinden und ein Verständnis für ihre Bedeutung entwickeln: Kunst und Kultur verlieren den Status, fremd und anders zu sein.

Grundlagen für das Gelingen von Kooperation

Die Formen der Zusammenarbeit zwischen Kultureinrichtungen und Schulen sowie zwischen den Fächern können vielfältig sein: integriert in den Unterricht, als fachübergreifende Arbeitsgemeinschaft oder in Einzelprojekten, die in Workshops, Projekttagen oder Projektwochen organisiert sind. Forschendes Lernen passiert mit allen Sinnen und mit einer großen Vielfalt an Methoden, die künstlerisch-kreativ oder wissenschaftlich sein können. Sie reichen von selbst entwickelten Songs, Theaterstücken oder Gedichten über Theater- und Kinoaufführungen bis hin zu Ausstellungen oder Interventionen im öffentlichen Raum. Auch eine Koch-Performance ist möglich.

Egal mit welcher Kunstsparte im Schulbereich zusammengearbeitet wird: Es ist wichtig, dass Lehrende die Arbeit der Künstler oder Kultur-

Forschendes Lernen passiert mit allen Sinnen.

einrichtung kennen. Nur so kann ein ähnliches ästhetisches Verständnis als Basis für eine gelingende Kooperation aufgebaut werden.

Im professionellen künstlerischen Prozess steht, bei aller individuellen Färbung, immer das künstlerische Ergebnis im Vordergrund. Hier sind sich Schule und Kulturproduktion sehr nahe. Doch während bei Schulen das Hauptaugenmerk darauf liegt, im aktiven künstlerischen Prozess zu lernen, ist die Herangehensweise der Künstlerinnen und Künstler eine andere. Mit ihrem Handwerkszeug im Gepäck gestalten sie ein Thema kreativ aus und schaffen ein eigenständiges Kunstwerk. In diesem Unterschied kann auch Konfliktpotenzial liegen, falls den Künstlern die pädagogische Ausrichtung im künstlerischen Prozess aus den Augen gerät. Deshalb ist eine Verständigung über die pädagogischen Leitlinien notwendig.

Resümee

Vor Überraschungen ist man bei der Zusammenarbeit mit Künstlern und Kultureinrichtungen nicht gefeit. Dies als eine Herausforderung zu sehen, ist sicher die Kunst einer erfolgreichen Zusammenarbeit. Gerade das forschende Lernen eröffnet Möglichkeiten, vielerlei Aspekte und Besonderheiten sowohl des Systems Schule als auch der Kulturpartner unter einem Dach zu versammeln: ästhetische und wissenschaftliche Herangehensweisen, den Subjektbezug mit der Hinwendung zum Lebensumfeld und die Bedeutung der kulturellen Praxis. Die jeweiligen Stärken aus beiden Welten entfalten sich mit dieser Methode besonders gut.

Darüber sollten Sie sich zu Beginn einer Kooperation verständigen:

▸ Erwartungen sowie beiderseits pädagogische und ästhetische Ziele formulieren
▸ Rollen und Verantwortlichkeiten klären
▸ pädagogische Leitlinien fixieren
▸ ästhetischen Anspruch beschreiben
▸ Rahmenbedingungen schaffen: Zeit, Raum, Honorare

EXKURS: Über die Zusammenarbeit mit einer Schule aus Sicht des Kulturpartners

Schon seit einigen Jahren besteht eine Kooperation zwischen der Schillerschule, einem großen Gymnasium in Frankfurt am Main, und dem dortigen Städel Museum. Im Rahmen des Programms *Kultur.Forscher!* konnte die Zusammenarbeit zwischen beiden Partnern besonders gut umgesetzt werden.

In einem ersten Schritt wurde die Methode der Ästhetischen Forschung im Bereich eines freiwilligen Nachmittagsangebots für die Klassen 5 und 6 erprobt. Die kulturelle Lebenswelt sowie die Herkunft und Identität der Schülerinnen und Schüler bildeten den Ausgangspunkt für ein Projekt, bei dem das ergebnisoffene, forschende und entdeckende Lernen im Mittelpunkt stand. Das Städel Museum mit seinen reichhaltigen Beständen vom Mittelalter bis zur Gegenwartskunst wurde dabei als ein Wissensspeicher genutzt. Dort konnten die Kinder selbstständig Antworten auf ihre Fragestellungen finden und auch die im Museum tätigen Expertinnen und Experten interviewen.

Auf den erfolgreichen Projektstart folgte der Wunsch, die Zusammenarbeit auf andere Jahrgangsstufen und den Regelunterricht auszuweiten. Ziel war es, die Methode der Ästhetischen Forschung als Lerninstrument nicht mehr nur auf den Kunstunterricht zu beschränken, sondern zu einem fächervernetzenden Lernangebot für die ganze Schule weiterzuentwickeln. Dies machte eine strukturelle Verankerung des Projektes innerhalb des Stundenplans und auch im Kollegium notwendig.

Als eine wichtige Voraussetzung dafür hat sich erwiesen, dass die Unterstützung der Schulleitung gewonnen und das Projekt auf der Gesamtkonferenz allen Lehrkräften vorgestellt werden konnte. Ein anderer wichtiger Baustein war ein zweistufiges Fortbildungsprogramm, das vom Städel Museum für das gesamte Lehrerkollegium angeboten wurde und die folgenden Schwerpunkte hatte:

1. Vorstellung des Sammlungsbestandes, der Museumsarbeit und zielgruppenspezifischer Methoden der Museumspädagogik,
2. Auswahl passender Werke für Projektarbeit in allen wichtigen Fachrichtungen (u.a. Sprachen, Philosophie, Ethik, Geschichte, Chemie, Mathematik und Physik).

Die rege Teilnahme von Fachleitern der unterschiedlichen Schulfächer, die die Anregungen aus den Fortbildungen als Multiplikatoren an ihre Kolleginnen und Kollegen in der Schule weitergaben, garantierte eine rasche Umsetzung des Vorhabens in allen Jahrgangsstufen. Darüber hinaus wurde der außerschulische Lernort Museum auch für Fächer genutzt, bei denen das sonst weniger auf der Hand liegt.

Wie sehr das Projekt im gesamten Kollegium der Schillerschule inzwischen Fuß gefasst hat und wie nachhaltig die Methode der Ästhetischen Forschung angenommen wurde, zeigt der Unterricht einer Mathematiklehrerin: Zum Thema Symmetrie wird sie mit ihren Schülerinnen und Schülern Renaissancegemälde betrachten und zum Thema Ordnungs- und Zahlensysteme die Positionen der zeitgenössischen Kunst analysieren, wie sie z.B. von Hanne Darboven formuliert werden.

—*Dr. Chantal Eschenfelder, Leitung Bildung & Vermittlung, Städel Museum und Liebieghaus Skulpturensammlung und Schirn Kunsthalle Frankfurt*

Exkurs: Das Stadtschloss.Forscher!-Projekt in Berlin.
Über die Zusammenarbeit mit einem Kulturpartner aus Sicht eines Lehrers

Mitten in der Hauptstadt soll bis 2019 das Berliner Schloss wieder aufgebaut und unter dem Namen „Humboldt-Forum" genutzt werden. In der Öffentlichkeit ist dieses Projekt sehr umstritten. Aber was spricht für und gegen den Wiederaufbau? Und wie lässt sich das Stadtschloss zeitgemäß rekonstruieren? Im Rahmen des Projekts Stadtschloss.Forscher! gingen die Schülerinnen und Schüler des Willi-Graf-Gymnasiums Berlin diesen Fragen auf den Grund.

Kooperationspartner der Schule waren die „kleinen baumeister", deren Anliegen es ist, bei Berliner Kindern und Jugendlichen die Faszination für Baukultur zu wecken. Das Projekt gab den Schülerinnen und Schülern die Möglichkeit, die aktuelle und vergangene Geschichtskultur des Stadtschlosses und die Planungen zum „Humboldt-Forum" in vielfältiger Weise zu erforschen. Sie recherchierten nicht nur den gesellschaftspolitischen Prozess zur Entscheidungsfindung, das Schloss wieder aufzubauen, sondern lernten auch, wie ein bauliches Großprojekt realisiert wird.

Im Rahmen regelmäßiger Projekttage an außerschulischen Lernorten – organisiert von den „kleinen baumeistern" – setzten sich die Schülerarbeitsgruppen ungezwungen und eigenständig mit ihren Forschungen auseinander. Die Zusammenarbeit mit dem Kooperationspartner brachte zwei entscheidende Vorteile mit sich: Einerseits entlasteten die bereitgestellten Medien, Materialien und Methoden das Lehrerteam. Andererseits stellte die Begleitung der Schülerinnen und Schüler durch die außerschulischen Expertinnen und Experten eine entspannte, zugleich aber intensive Lernatmosphäre her, in der sie sich aufmerksam und neugierig zeigten – ein Mehrwert, der in der Unterrichtsroutine oft genug verloren geht.

Die Zusammenarbeit mit einem Kulturpartner ermöglichte unseren Schülerinnen und Schülern ein Lernklima, das Eigeninitiative und selbstständige Orientierung förderte.

Sachquellen an historischen Orten zu erforschen und in authentischen Situationen zu lernen, schaffte Raum für das notwendige Wechselspiel zwischen Lernunterstützung und selbstständigem Lernen. Die positiven Erfahrungen aus der Projektkooperation integrieren wir nun mit dem Themenfeld Baukultur innerhalb des Wahlpflichtfachs Gesellschaftswissenschaften mit drei Wochenstunden in der Jahrgangsstufe 9.

—Tobias Kuster, Willi-Graf-Gymnasium Berlin

Mit künstlerischem Blick installiert: die Debatte ums Berliner Stadtschloss.

5 Gesucht: Lernbegleiter für Ästhetische Forschung

—*Silke Edelhoff, Andrea Potinius & Marianne Spiering*

Sie sind bereit, sich auf eine spannende Reise zu unbekannten ästhetischen Orten zu begeben?
Sie möchten mit Schülerinnen und Schülern die Welt der Kunst und Kultur forschend entdecken?
Dann werden Sie Lernbegleiter!

Als Lernbegleiter sollten Sie folgende Motivation mitbringen:

- Sie haben Lust, sich auf Wege und Pfade zu begeben, von denen Sie das Ziel noch nicht kennen und deren Ende ungewiss ist.
- Sie möchten sich mit Themen und Fragen auseinandersetzen, die außerhalb des bekannten Unterrichtsstoffes liegen.
- Sie wollen Schülerinnen und Schüler dabei unterstützen, eigene Forschungsfragen und -pläne zu entwickeln, ihr Vorgehen zu strukturieren und den Prozess in Forschertagebüchern oder in anderer Weise zu dokumentieren.

Als Lernbegleiter benötigen Sie diese Qualifikationen:

- Sie beherrschen Methoden, um gemeinsam mit den Schülerinnen und Schülern Forschungsfragen zu entwickeln, diese zu systematisieren und Kriterien für die Auswahl der Fragen zu erarbeiten.
- Methoden der Ästhetischen Forschung sind Ihnen geläufig, wie z.B. künstlerische Interventionen, Visualisierungsübungen, forschendes Entwerfen und entwerfendes Forschen.
- Sie wissen, wie man Schülerinnen und Schüler aktiviert und motiviert, wenn sie ihre Ziele aus den Augen verlieren.
- Sie sind in der Lage, die Moderation und Steuerung von Forscherzirkeln und -foren an Schülerinnen und Schüler abzugeben und nur dann einzugreifen, wenn es nötig ist.
- Der Umgang mit logistischen Herausforderungen bei der Entwicklung und Erstellung von Werkzeugen für ästhetisches Forschen ist für Sie selbstverständlich.

Und außerdem:

- Sie trauen sich zu, die Rahmenbedingungen für ästhetische Forschungsprojekte immer wieder zu optimieren, neue Räume zu organisieren und Arbeitszeitfenster zu finden.
- Heterogenität und Vielfalt inspirieren Sie. Sie bewahren auch in Phasen, in denen Schülergruppen in unterschiedlichster Weise an ihren Projekten arbeiten, die Ruhe und Übersicht.
- Sie arbeiten gerne im Team mit Pädagoginnen und Pädagogen, Künstlerinnen und Künstlern sowie anderen Menschen. Sie erkennen ihre individuellen Stärken und Schwächen ebenso an wie die aller Beteiligten und suchen den Austausch, um voneinander zu lernen.

Bewerben Sie sich jetzt als Lernbegleiter für ein ästhetisches Forschungsprojekt an Ihrer Schule!

6 Strukturen schaffen: Ästhetische Forschung im Schulalltag

—Jürgen Schulz

Ästhetische Forschung an der Schule bringt viele Herausforderungen mit sich: Die Fragen von Schülerinnen und Schülern in den Mittelpunkt stellen, fächerübergreifende Forschungsprozesse ermöglichen, eine Kooperation mit einem Kulturpartner eingehen und sich am Prozess statt an den Ergebnissen orientieren. Dafür müssen Zeit- und Raumstrukturen angepasst, Fächergrenzen überwunden und Teamkonstellationen neu gedacht werden. Scheinbar starre institutionelle Rahmenbedingungen können anspruchsvollen Forschungsvorhaben deshalb schnell Grenzen setzen. Wie aber lassen sie sich überwinden und wie schafft man es, ästhetische Forschungsvorhaben in den Schulalltag zu integrieren und nachhaltig zu verankern?

Ästhetische Forschung und Schulentwicklung

Der wohl wichtigste Auftrag von Schulen besteht darin, Kindern und Jugendlichen Lernprozesse zu ermöglichen, die ihren Fähigkeiten und Neigungen entsprechen.[15] Oftmals fällt es schwer, diesem Anspruch gerecht zu werden und einen Bildungsalltag zu gestalten, der dieser „Subjektstellung des Kindes"[16] gerecht wird. Die Gründe dafür sind vielfältig und liegen nicht immer im Einflussbereich einer Schule. Dennoch zeigen viele Beispiele, dass das Einführen und Umsetzen innovativer Ideen wie die der Ästhetischen Forschung in erster Linie von Faktoren abhängen, die eine Einzelschule direkt beeinflussen kann.

Die folgenden Punkte listen die wichtigsten auf:

Freiwilligkeit

Eine administrativ verordnete Einführung von Ansätzen zur Ästhetischen Forschung ist zum Scheitern verurteilt. Alle Beteiligten müssen von ihrem Nutzen und Wert für die eigene Tätigkeit überzeugt sein und die Umsetzung wollen.

Programmatische Verankerung

Werden Einführung und Umsetzung nur von einer oder wenigen Lehrpersonen getragen, besteht immer die Gefahr, dass die Ansätze mit dem Ausfall oder Wechsel einzelner Lehrkräfte an der Schule nicht fortgeführt werden. Eine konzeptionelle Einbindung Ästhetischer Forschung in das Schulprogramm kann dazu beitragen, dies zu verhindern.

Selbstverantwortung und Selbstorganisation

Das konkrete Konzept, die Ziele und die dazugehörige Umsetzungsstruktur können nur von den Beteiligten selbst entwickelt werden. Sie müssen auf die spezifische Situation der Schule bzw. die Kooperationsbedingungen zwischen Schule und Kultureinrichtung abgestimmt sein. Es hat sich an vielen Schulen bewährt, eine Steuergruppe für diese Art der Entwicklungsarbeit zu etablieren.

---

15 Vgl. zum Beispiel: Sächsisches Schulgesetz §1, Absatz 1, S. 4.

16 Vgl. Erklärung der Kultusministerkonferenz vom 03.03.2006 zur Umsetzung des Übereinkommens der Vereinten Nationen über die Rechte des Kindes; www.kmk.org/fileadmin/veroeffentlichungen_beschluesse/2006/2006_03_03-Rechte-des-Kindes-UN.pdf (Stand: Oktober 2011), S. 1.

Partizipation

Die Einführung und Umsetzung ästhetischer Forschungsansätze müssen eine angemessene Beteiligung möglichst aller schulischen Akteure erfahren. Gremien wie die Gesamtkonferenz der Lehrkräfte, die Schulkonferenz, der Schüler- oder Elternrat tragen dazu bei, dass solche anspruchsvollen Vorhaben auf „breiten Füßen" stehen.

Führen und Leiten

Eine besondere Rolle als Entscheidungsträger innerhalb der Schule besitzt die Schulleitung. In der von ihr mit dem Kollegium gemeinsam entwickelten Vision von ihrer Schule muss die Ästhetische Forschung einen zentralen Platz einnehmen. Die Schulleitung hat den Blick darauf, „die richtigen Dinge zu tun" und kennt den dazu notwendigen Gestaltungsspielraum. Sie allein kann personelle und zeitliche Ressourcen für das Vorhaben zur Verfügung stellen, die wiederum durch die gesetzlichen Vorgaben bestimmt sind.

Eine prozessbegleitende Beratung einbeziehen

Eine externe Prozessbegleitung als beratende Unterstützung kann für die Konzeptentwicklung und -umsetzung von großem Nutzen sein. Sie besitzt den neutralen Blick von außen: auf die Ziele, Strukturen und den Prozess mit den dazugehörigen Maßnahmen und Verantwortlichkeiten. Dadurch kann sie entscheidend zu einer effektiven Vorgehensweise beitragen und eine nachhaltige Qualitätsentwicklung an der Schule bewirken, indem sie das reflexive Lernen der Beteiligten fördert. In vielen Bundesländern gibt es Prozessbegleiter oder -berater, die Schulentwicklungsvorhaben unterstützen und über die Bildungsinstitute oder Schulämter kontaktiert werden können. In Sachsen beispielsweise arbeiten sie als Prozessmoderatoren im Unterstützungssystem für Schulen an der Sächsischen Bildungsagentur.

Ästhetische Forschung und Steuergruppenarbeit

Wie eingangs beschrieben, muss die Integration Ästhetischer Forschung in den Schulalltag als Teil der inneren Schulentwicklung verstanden werden, da sie über die Gestaltung des Unterrichts weit hinausreicht. Um die Organisation solcher komplexer Entwicklungsprozesse erfolgreich zu gestalten, hat sich die Einrichtung einer Steuergruppe bewährt. Ihre Zusammensetzung und Rolle werden im Kasten „Rolle der Steuergruppe in Schulentwicklungsprozessen" auf Seite 25 dargestellt.

Der Steuergruppe kommt eine zentrale koordinierende Funktion in der Arbeit mit Lehrkräfteteams zu. Deshalb sollten die Mitglieder der Gruppe möglichst über grundlegendes Wissen und Erfahrungen im Projektmanagement verfügen. Sie sind für die detaillierte Zielklärung über die erste Idee hinaus, das Entwickeln einer Arbeitsstruktur, die Erstellung eines Ablaufplans mit wichtigen Meilensteinen und Zuständigkeiten sowie für die Abstimmung einer Vielzahl von Einzelschritten verantwortlich, was beispielsweise durch den gezielten Einsatz von Statusberichten erleichtert wird. Gleichzeitig sollten sie mit ihrem Wissen auch die Lehrkräfteteams bei der Planung und Organisation ihrer Vorhaben zielgerichtet unterstützen.

Um den Stand der Zielerreichung zu überprüfen, benötigt die Steuergruppe darüber hinaus Anwendungswissen zur internen Evaluation. Das planvolle Anlegen einer Evaluation von Beginn an bietet den Vorteil, dass wichtige Erkenntnisse aus dem Prozess bzw. entstandene Produkte nicht verloren gehen. Zudem trägt eine Evaluation dazu bei, dass sich die Beteiligten intensiv mit der zu erreichenden Qualität auseinandersetzen und eine regelmäßige Auswertung und Reflexion der Entwicklungsarbeit nicht aus personellen, inhaltlichen und zeitlichen Gründen in Vergessenheit gerät oder nur informell in einem Pausengespräch absolviert wird.

Rolle der Steuergruppe in Schulentwicklungsprozessen

WER?

- Die Steuergruppe setzt sich repräsentativ aus Vertretern der wichtigsten Strömungen und Kompetenzen des Kollegiums zusammen.
- Die arbeitsfähige Größe der Steuergruppe bewegt sich zwischen vier bis acht Kolleginnen und Kollegen.
- Die Schulleitung gehört in der Regel mit zur Steuergruppe.
- Bei Bedarf können Schülerinnen und Schüler und Eltern hinzugezogen werden.

WOZU?

- Die Steuergruppe fungiert als Arbeitsausschuss des Kollegiums im Schulentwicklungsprozess. Motor der Schulentwicklung ist das Kollegium selbst; es trägt dafür die Verantwortung. Diese kann nicht an die Steuergruppe weiterdelegiert werden.

WAS?

- Die Steuergruppe verfügt über Entscheidungskompetenzen in Bezug auf den Schulentwicklungsprozess. Das Mandat dafür bekommt sie durch das Kollegium und die Schulleitung.
- Die Steuergruppe koordiniert die verschiedenen Projekte, Arbeitsgruppen und Prozesse, die im Zusammenhang mit dem erteilten Auftrag stehen.
- Die Steuergruppe sorgt für permanente Transparenz des Schulentwicklungsprozesses im Kollegium und bei den anderen Beteiligten.
- Die Steuergruppe dokumentiert den Entwicklungsprozess in seinen wichtigsten Stationen, Verlauf und Ergebnissen.
- Die Steuergruppe überprüft die Einhaltung der vereinbarten Ziele und getroffenen Maßnahmen.

WIE?

- Die Mitarbeit in der Steuergruppe beruht auf dem Freiwilligkeitsprinzip.
- Die Steuergruppe existiert zeitlich begrenzt. Struktur und Funktionsverteilung hängen vom Stand des Schulentwicklungsprozesses ab und sind veränderbar.
- In der Regel trifft sich die Steuergruppe für ein zweistündiges Arbeitstreffen in Intervallen von zwei bis sechs Wochen – je nach Stand des Schulentwicklungsprozesses. Eine Lehrerin oder ein Lehrer übernimmt die Leitung und Moderation der Arbeitstreffen. Die Ergebnisse der Treffen werden protokolliert und für die Beteiligten im Entwicklungsprozess öffentlich gemacht.

—Quelle: Modellversuch Prozessmoderation Sachsen

Ästhetische Forschung als Teil der Lernkultur

Das Schulprogramm bildet die gemeinsame Arbeitsgrundlage einer jeden Schule. Oft erschöpft sich jedoch die Schulprogrammarbeit auf das Erstellen einer Broschüre, eines Flyers oder eines Internetauftritts. Dabei hängt von der programmatischen und konzeptionellen Arbeit an Zielen, Haltungen und Ansätzen im entscheidenden Maße ab, in welche Richtung sich eine Schule entwickelt. Ein tragfähiges Schulprogramm entsteht nicht in einem „einzigen Schöpfungsakt", sondern muss permanent auf den unterschiedlichsten Prozessebenen im ganz normalen Schulalltag gelebt und fortgeschrieben werden. Es zieht sich wie ein roter Faden durch alle Qualitätsbereiche einer Schule und thematisiert u.a. Fragen des Lehrens und Lernens, der Schulkultur, des Schulmanagements, der Professionalität, der Kooperationen und der Ergebnisse.

Das Kernstück eines jeden Schulprogramms ist das Leitbild. Es gibt konkrete Auskunft über die Werte, die das Denken und Handeln an einer Schule bestimmen. Es ist zukunftsorientiert, langfristig angelegt und trifft grundsätzliche Aussagen zur Lernkultur. Wenn die Schule also – im ästhetischen Bereich oder darüber hinaus – einen erfahrungsorientierten und forschenden Lernansatz verwirklichen will, dann muss dieser mit einer im Leitbild formulierten Lernkultur kompatibel sein, die „die Subjektstellung des Kindes" anerkennt. Und auch hier gilt: Je mehr Akteure einer Schule an der Leitbildentwicklung beteiligt sind, desto eher kann eine Identifikation mit dem Schulprogramm und letztendlich mit der Ästhetischen Forschung entwickelt werden. Und gerade diese Identifikation braucht es, um aus der Begeisterung einer einzelnen Lehrperson für die Methode eine Lern- und Arbeitshaltung für die gesamte Schule zu entwickeln.

Resümee

Die Praxis hat gezeigt, dass es bis zur Verankerung Ästhetischer Forschung im Schulalltag ein weiter Weg ist, der nicht in einigen Wochen oder Monaten zurückgelegt wird, sondern durchaus zwei bis fünf Jahre dauern kann. Denn die gesamte Schule als Organisation muss sich auf einen Wandlungsprozess einlassen, der mit vielen Unwägbarkeiten und temporären Rückschlägen verbunden sein kann. Richten sich die Handlungsziele und Maßnahmen jedoch an einem gemeinsam entwickelten und vereinbarten Leitbild aus, dann halten sie einer kontinuierlichen Überprüfung auch stand. Und werden sie Schritt für Schritt umgesetzt, dann wird sich ein durchgreifender Erfolg ganz sicher einstellen. Aber Schulen, die sich auf Ästhetische Forschung einlassen, kultivieren schließlich den kreativen und produktiven Umgang mit Irrtümern und möglichen, daraus resultierenden Fehlern und Problemen, sodass sie eine der acht Grundlektionen für Wandlungsprozesse des kanadischen Bildungsexperten Michael Fullan bereits gelernt haben: „Probleme sind unsere Freunde. Probleme sind unvermeidlich und ohne sie gibt es kein Lernen."[17]

---

17 Fullan, Michael (1999): Die Schule als lernendes Unternehmen. Konzepte für eine neue Kultur in der Pädagogik, Stuttgart: Klett-Cotta, S. 47 f.

In welche Richtung soll sich unsere Schule entwickeln?

Teil 3
Konkret: Ästhetische Forschung in der Schule

7 Die fünf Phasen des Forschungsprozesses

—*Christina Leuschner*

Wie können Rahmen für Ästhetische Forschung in der Schule aussehen? Was brauchen Schülerinnen und Schüler, um eine gute Frage zu entwickeln? Wie kann man sie bei ihrem Forschungsprozess begleiten? Im Folgenden finden Sie methodische Anregungen und Tipps, wie Sie die Phasen Ästhetischer Forschung erfolgreich gestalten können.[18]

1. Thema und Frage finden
2. Forschen, sammeln und erfahren
3. Material aufbereiten
4. Präsentieren
5. Reflektieren

Was Sie grundsätzlich beachten sollten

Der ästhetische Forschungsprozess ist kein Parcours mit fünf Hindernissen, die der Forschende nach und nach hinter sich lässt, bevor er schließlich das Ziel erreicht. Vielmehr lassen sich die Forschungsphasen als ein **dynamisches Gefüge** verstehen, in dem alle Teile miteinander verbunden sind und immer wieder Einfluss aufeinander nehmen. Beispielsweise können beim Sammeln und Erkunden oder auch beim Präsentieren neue Fragen entstehen. Diese Fragen sollten nicht ignoriert, sondern aufgegriffen werden, ohne das Ziel aus den Augen zu verlieren.

Die richtige **Balance zwischen Anleitung und Freiheit** zu finden, ist eine große Herausforderung für die Pädagoginnen und Pädagogen. Wie viel Struktur und wie viele Vorgaben sind notwendig? Wie viel Freiheit ist möglich? Die Antworten auf diese Fragen sind abhängig von Faktoren wie dem Alter und den Vorerfahrungen der Schülerinnen und Schüler mit offenen Lernformen. Das richtige Gleichgewicht kann jedoch nie abschließend festgelegt werden, sondern muss immer wieder neu gefunden werden.

Partizipation und Freiwilligkeit sind wichtig, damit ästhetische Forschungsvorhaben gelingen. Es ist daher ratsam, die Schülerinnen und Schüler von Anfang an in den Prozess einzubeziehen. Dazu zählt, gemeinsam ein übergeordnetes Thema zu suchen und auszuwählen, Ziele zu verabreden, Erwartungen auszutauschen und die nächsten Schritte zu planen.

Gemeinsam entscheiden, aber individuell forschen – so könnte Ihr Motto lauten. Denn Ästhetische Forschung ist **subjektorientiert**: Im Mittelpunkt stehen die Personen, die forschen, sowie deren Erfahrungen und Erkenntnisse. Dies unterscheidet die Ästhetische Forschung von natur- oder geisteswissenschaftlicher Forschung. Dieser Fokus auf individuelle Forschungsprozesse und -ergebnisse macht Zuschreibungen wie „richtig" oder „falsch" schwierig. Trotzdem darf die **Qualität** der Prozesse und Ergebnisse nicht beliebig sein. Die Diskussion und Reflexion über Qualitätskriterien sollte daher Teil des Prozesses und der Kooperation zwischen Schule und Kulturpartner sein. Dabei kann Ihnen das Reflexionsinstrument ab Seite 40 in diesem Buch helfen.

Haben Sie Vertrauen in offene Prozesse! Ästhetische Forschung ist ein Abenteuer, dessen Ergebnis ungewiss ist. Diese Unsicherheit ist für alle Beteiligten – für die Schülerinnen und Schüler, Lehrkräfte und außerschulischen Partner – eine Herausforderung. Aber sie gehört zum Forschungsprozess dazu. Umso wichtiger ist es, dass Sie mit Ihren Schülerinnen und Schülern das Ziel formulieren, am Ende etwas zu präsentieren. Denn ein Ziel vor Augen zu haben, gibt Orientierung, Mut und Motivation. Wie die Ergebnisse und Prozesse präsentiert werden und welche Produkte entstehen, sollte jedoch erst im späteren Verlauf der Forschung diskutiert werden.

Dinge, über die Sie diskutieren sollten

Teams

Es hat sich bewährt, dass die Schülerinnen und Schüler in Teams forschen. Wann und wie sollen sich die Teams finden?

Dokumentation

Ein wichtiges Instrument der Ästhetischen Forschung ist das Festhalten und Dokumentieren der Prozesse und Ergebnisse. Dafür eignet sich ein Forscherbuch, beispielsweise ein einfaches Heft, das kreativ gestaltet werden darf (siehe auch der Kasten „Das Forscherbuch als wichtiger Begleiter" auf Seite 38). Wann und wie führen Sie das Forscherbuch ein? Wem „gehört" es und wer darf es einsehen?

Bewertung

Soll der Forschungsprozess bewertet werden? Wenn ja, was sind Ziele, Erwartungen und Kriterien und mit welchen Instrumenten können sie bewertet werden (siehe auch Kasten auf Seite 38)?

Regeln

Welche Regeln sollen aufgestellt werden, um den Schülerinnen und Schülern die nötige Struktur zu geben? Welche Orte können wann und wie genutzt werden? Gibt es feste Zeiten, zu denen sich alle treffen?

---

18 Ein ähnliches Phasenmodell hat auch Dr. Christiane Brohl entwickelt. Vgl. Verrückte Wirklichkeit. Künstlerische Forschung des Displacement. In: Blohm, Manfred (Hrsg.) (2009): Texte zur Kunstpädagogik. Flensburg: University Press.

PHASE 1: Thema und Frage finden

„Alles kann Gegenstand und Anlass ästhetischer Forschung sein. Am Anfang kann eine Frage stehen, ein Gedanke, eine Befindlichkeit, ein Gegenstand, eine Pflanze, ein Tier; ein Phänomen, ein künstlerisches Werk, eine Person – fiktiv oder authentisch, ein literarischer Text, ein Begriff, ein Sprichwort u.a.m."[19]

ZIEL DER PHASE

Die Schülerinnen und Schüler finden ein eigenes Thema und eine eigene Frage.

WORAN ERKENNE ICH EINE GUTE FRAGE?

- Sie hat einen Bezug zur Lebenswelt der Kinder und Jugendlichen.
- Sie ist Ausdruck eines persönlichen Interesses.
- Die Schülerinnen und Schüler haben sie freiwillig gewählt.
- Sie kann nicht mit „Ja" oder „Nein" beantwortet oder einfach im Lexikon nachgeschlagen werden.

WAS BRAUCHEN SCHÜLERINNEN UND SCHÜLER, UM EINE FRAGE ZU ENTWICKELN?

- Es hat sich bewährt, gemeinsam mit den Schülern ein Rahmenthema zu formulieren, das ihrem Interesse entspricht. *Beispiele: Heimat, Jugend, Alltag, Streetart, Geschichten, die auf der Straße liegen, Brücken, das Krankenhaus, das Einkaufszentrum oder der Stadtteil um die Ecke, Veränderungen in der Stadt, Making of Art …*
- Vorwissen und Anknüpfungspunkte
- Impulse von außen

ARBEITSSCHRITTE

SCHRITT 1: Thema ausloten, Vorwissen aktivieren, einen persönlichen Bezug aufbauen

- Zunächst alles Mögliche zu dem übergeordneten Thema sammeln: Gedanken, Ideen, Gefühle und Assoziationen, Gegenstände, Bilder, O-Töne, Zeitungsartikel usw.
- Mögliche Methoden:
  - World-Café: Der Austausch findet in mehreren Gruppen statt. Die Gedanken werden auf einem Plakat auf dem Tisch festgehalten. Durch Gruppenwechsel können die Assoziationen der anderen kommentiert und erweitert werden.
  - Stille Diskussion: Die Gruppe schreibt ihre Ideen und Assoziationen auf Plakate und kommentiert sie, ohne zu sprechen.
  - Mindmap
  - Assoziationsketten, wildes Denken
  - Befragungen in der Schule

---

[19] Kämpf-Jansen, Helga (2001): Ästhetische Forschung. Wege durch Alltag, Kunst und Wissenschaft – Zu einem innovativen Konzept ästhetischer Bildung, Köln, S. 274–277.

SCHRITT 2: Irritationen setzen

- Andere Blicke auf das Thema fördern, Erwartungen konterkarieren, Brüche zu Gewohntem schaffen. Ungewöhnliche und überraschende Impulse setzen.
- Mögliche Methoden:
  - Expeditionen an Orte oder Institutionen unter einem bestimmten Fokus
    Beispiele: Wie fühlst Du Dich hier? Was hörst Du? Welche Farben findest Du?
  - Wahrnehmungsübungen und Perspektivwechsel
    Beispiele: „Stell Dir vor, Du wärst nur zwei Zentimeter groß"; Betrachtung des Raums nur durch einen Handspiegel
  - Gegenstände in ungewöhnliche Kontexte setzen
  - ungewöhnliche Materialien anbieten und damit experimentieren

SCHRITT 3: Fragen formulieren und präzisieren

- Fragen entwickeln und sich für eine Frage entscheiden.
- Mögliche Methoden:
  - Fragen entstehen im Feld. Gehen Sie raus: ins Museum, in den Stadtteil, in eine Fabrikhalle. Ungewöhnliche Orte provozieren ungewöhnliche Fragen. Egal, wie oft man etwas schon betrachtet hat, es können immer neue Fragen entstehen.
  - „100 Fragen an ein Bild": Stellen Sie innerhalb einer halben Stunde 100 Fragen an ein Bild. Diese große Anzahl und der Zeitdruck provozieren eine sehr vielfältige und interdisziplinäre Auseinandersetzung mit dem Gegenstand. Die Methode ist auch auf andere Themen oder Medien übertragbar.
  - Fragenkomplex erstellen, Fragen miteinander verbinden
  - Fragenpool: Jeder Schüler schreibt seine Frage auf eine Karte und gibt sie in eine Box. Beim Betrachten der unterschiedlichsten Fragen entstehen neue Ideen und neue Verbindungen.
  - Fragen clustern, kategorisieren und destillieren

TIPPS UND ACHTUNGSZEICHEN

Beziehen Sie Künstler oder Kulturpädagogen ein, denn sie arbeiten ständig mit irritierenden und ungewöhnlichen Methoden, die bei der Findung einer Frage förderlich sind. Auch beim Destillieren oder Modellieren von Fragen ist der künstlerische Blick sehr hilfreich.

Unterschiedliche Methoden benötigen ein unterschiedliches Maß an Freiheit und Anleitung.

Das Ausloten eines Themas und das Entwickeln von Fragen sind ein wichtiger Schritt im Forschungsprozess. Sie sollten daher den Schülerinnen und Schülern die Zeit geben, die sie brauchen, um eine Frage bzw. ein Thema zu finden, das sie wirklich interessiert.

Phase 2: Forschen, Sammeln, Erfahren

Material und Erfahrungen in den unterschiedlichen Forschungsfeldern (Alltagserfahrung, Kunst, Wissenschaft und ästhetische Praxis) sammeln. Verschiedene Bezugsorte einbeziehen. Experimentieren und verknüpfen. Unterschiedliche Perspektiven wertschätzen.

Ziel der Phase

Die Schülerinnen und Schüler sammeln zu ihrer Frage/ihrem Thema Material aus verschiedenen Forschungsfeldern. Sie reflektieren dabei ihre individuellen Erfahrungen und Wahrnehmungen.

Was brauchen die Schülerinnen und Schüler?

- Begleitung: Balance zwischen Anleitung und Freiheit
- klare Struktur und Regeln
- Forschungsräume (Ort, Raum, Zeit)
- regelmäßigen Austausch in der Gruppe und Feedback
- Wertschätzung – auch der verschiedenen Blickwinkel
- methodische und inhaltliche Impulse, Anregungen zu ungewöhnlichem Vorgehen, zum Experimentieren und Improvisieren
- Anregungen zur Dokumentation

Mögliche Instrumente und Methoden zur Begleitung der Schülerinnen und Schüler

- Forschungsplan: Ziele, Zwischenziele, Methoden und Orte skizzieren; Zwischenpräsentationen oder Feedbackrunden einplanen und festlegen, in welcher Form dokumentiert werden soll. Die Schüler führen diesen Plan selbstständig und ergänzen ihn fortlaufend.
- Etappenziele oder Zwischenstände präsentieren, um Verbindlichkeit zu schaffen
- Kolloquien, bei denen Forschungsprozesse vorgestellt und diskutiert werden
- kollegiale Beratung
- regelmäßiges Feedback durch Lehrkräfte, Kulturpartner und durch die Schülerinnen und Schüler
- die Kinder und Jugendlichen mit kritischen Fragen herausfordern

Arbeitsschritte

Schritt für Schritt methodische und inhaltliche Anregungen geben.

- Mit welchen Methoden kann man in den verschiedenen Forschungsfeldern forschen? Wie kann man mit künstlerischen Mitteln forschen? Wo kann man forschen? Zu diesen Fragen benötigen die Schülerinnen und Schüler immer wieder neue Impulse.

Mögliche Methoden aus den verschiedenen Forschungsfeldern

Zahlreiche methodische Anregungen finden Sie in dem Artikel von Prof. Manfred Blohm und Prof. Christine Heil in dieser Broschüre (Seite 6 ff.).

▸ Alltagserfahrung
  ▸ Alltägliches unter einem anderen Fokus betrachten
  ▸ Expeditionen in das Umfeld durchführen
  ▸ Gegenstände, Gerüche, Geräusche sammeln
  ▸ sortieren, ordnen, arrangieren
  ▸ eigene Gedanken und Assoziationen formulieren
  ▸ persönliche Biografie einbeziehen

▸ Kunst
  ▸ Rezeption von aktueller und historischer Kunst, die sich mit dem jeweiligen Thema auseinandersetzt: Besuch von Museen, Galerien, Kinos, Theatern; Bezüge zu Literatur usw.
  ▸ fachlicher Input von Expertinnen und Experten

▸ Wissenschaft
  ▸ sozialwissenschaftliche Methoden: Interview, Beobachtung, Fragebogen, Recherchen im Archiv, im Internet, in der Bibliothek, Auswertung von Statistiken
  ▸ naturwissenschaftliche Methoden: chemische, optische, biologische, physikalische Experimente
  ▸ Kolloquien, Gesprächskreise
  ▸ Formen der Dokumentation

▸ Ästhetische Praxis
  ▸ Kartografie, Mapping
  ▸ Sounddesign, Klangcollagen

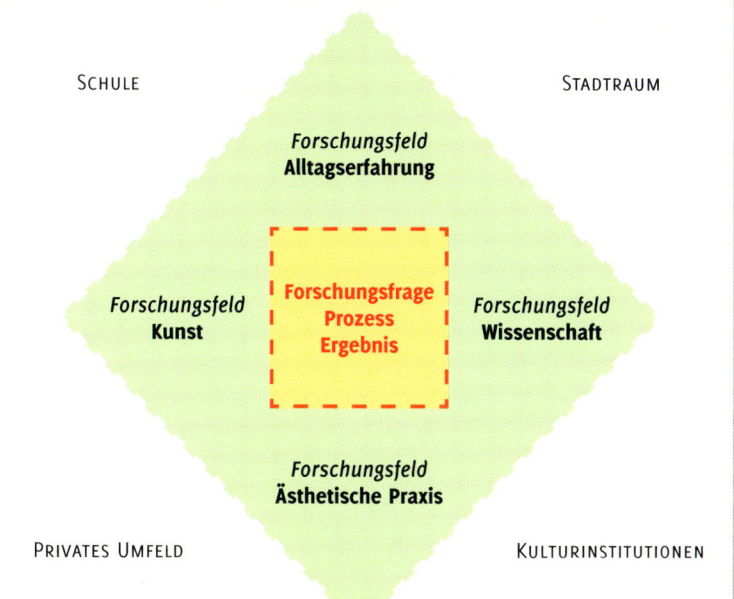

  ▸ Collagen, Assemblagen (Collagen mit räumlicher Ausdehnung)
  ▸ temporäre Interventionen im (öffentlichen) Raum, Installationen, Modelle
  ▸ Film, Fotografie
  ▸ Modedesign, Nähen
  ▸ Performances, Schauspiel, Tanz
  ▸ Texte oder Songs schreiben
  ▸ Gestaltung einer Webseite, Powerpoint-Präsentation

Die Produkte, die hier entstehen, können, müssen aber nicht in die Entwicklung und Gestaltung einer Präsentation einfließen.

Mögliche Orte der Forschung

- Kulturinstitutionen
    - Theater, Museum, Galerie, Kino, Filmstudio, Atelier, Werkstatt, Tanzstudio …
    - religiöse Orte: Kirche, Moschee, Synagoge …
    - historische Orte: Gedenkstätte, Denkmal, Schloss, Ruine …
- Öffentlicher Raum
    - Stadtteil, Straße, Bus, U-Bahn, Tiefgarage …
    - Einkaufszentrum, Behörde, Krankenhaus, Zoo, Restaurant, Sportarena …
    - Park, Friedhof, Wald, Weinberg …
    - Fabrikgebäude, Brachgelände …
- Schule
    - Klassenzimmer, Fachraum, Aula, Turnhalle, Mensa, Keller, Dachboden, Lehrerzimmer, Bibliothek, Schulhof
    - ungewöhnliche Orte in der Schule
- Privates Umfeld
    - Familie
    - Freunde
    - Nachbarschaft

Tipps und Achtungszeichen

In Zusammenarbeit mit Künstlern oder Kulturpädagogen können die Schülerinnen und Schüler – und auch Sie – künstlerische Methoden und Fertigkeiten kennenlernen. Mittels künstlerischer Handlungsanweisungen werden die Kinder und Jugendlichen zu ungewöhnlichen Vorgehensweisen angeregt.

Ein Schrank, ein Koffer oder eine Kiste sind wichtig für die Sammlung von Materialien, Gegenständen, Fragmenten usw.

Unsicherheiten sind völlig normal und gehören zu einem offenen Prozess.

Das „Wie" sollte im Vordergrund stehen: Die gemachten Beobachtungen und Erfahrungen sind für die Ästhetische Forschung ausschlaggebend.

PHASE 3: Material aufbereiten

Das gesammelte Material ästhetisch-künstlerisch aufarbeiten. Innovative Präsentationsformen erfinden und dabei immer den Forschungsprozess im Blick haben.

ZIEL DER PHASE

Schülerinnen und Schüler gestalten ausgehend von dem gesammelten Material, ihren Erfahrungen und Reflexionen ein künstlerisches Produkt.

WAS BRAUCHEN DIE SCHÜLERINNEN UND SCHÜLER?

- Impulse von außen
- Wertschätzung
- kritische Freunde
- einen künstlerischen Anspruch

ARBEITSSCHRITTE

SCHRITT 1: Gesammeltes Material kategorisieren und strukturieren

- Mögliche Methoden:
    - Kategorien finden
    - künstlerische Experimente mit dem Material durchführen
    - ausprobieren, verschiedene Arrangements üben

SCHRITT 2: Grundsätzliche Form der Präsentation finden

- Mögliche Präsentationsformen:
    - Ausstellung mit Vernissage
    - Tanz-/Theatervorführung
    - Performance im öffentlichen Raum
    - multimediale Präsentation auf dem Schulgelände
    - Präsentation einer Website
    - Diskussionsforum
    - Forscherbuchausstellung
    - „Künstlergespräche", Interaktion mit den Zuschauern
    - Lecture-Performance (Mischung aus Vortrag und Aufführung/Performance)

SCHRITT 3: „Handwerklich" erarbeiten und verfeinern

- Den Arbeitsprozess begleiten, wertschätzen und Prozesse sichtbar machen.
- Mögliche Methoden:
    - Werkstattgespräche (von Schülern moderiert)
    - Anforderungen stellen und auch „Nein" sagen. Die Arbeiten und Ideen der Schüler dürfen kritisch hinterfragt und weiterentwickelt werden. Schüler fordern!
    - intelligente, kreative Regeln vorgeben, zum Beispiel „Ihr dürft alles machen, außer ein Plakat"

Was kann in das künstlerische Produkt einfließen?

- Forscherbuchaufzeichnungen
- Skizzen
- Videosequenzen
- Klänge
- Gerüche
- Fundstücke
- Textauszüge
- Erfahrungen
- Zitate
- Diskussionen
- Gedanken
- Bilder

künstlerisches Produkt

TIPPS UND ACHTUNGSZEICHEN

Die Aufarbeitung des Materials zu einem Endprodukt oder die Erstellung eines neuen Produktes, in das die gewonnenen Erkenntnisse einfließen, brauchen Zeit! Bei theatralen Präsentationen kann die Erarbeitung des Produktes ein halbes Schuljahr in Anspruch nehmen. Die Präsentation des Produktes sowie dessen Qualität und Wertschätzung sind für die Motivation der Schülerinnen und Schüler ausschlaggebend. Daher sollte der künstlerische Anspruch diskutiert und eingefordert werden. Der außerschulische Partner hat dabei eine zentrale Rolle.

Die Infrastruktur ist wichtig: Es braucht einen Raum, bestimmte Zeiten, hochwertige Materialien.

Je häufiger man forscht, desto besser wird auch die künstlerische Qualität.

PHASE 4: Präsentieren

Eine professionelle Präsentation der Forschungsprozesse und -ergebnisse organisieren. Wertschätzung der geleisteten Arbeit erfahren.

ZIEL DER PHASE

Schülerinnen und Schüler gestalten einen Präsentationsrahmen und präsentieren ihre Ergebnisse.

WAS BRAUCHEN DIE SCHÜLERINNEN UND SCHÜLER?

- Team
- Begleitung
- Beratung von Expertinnen und Experten
- klare Strukturen

ARBEITSSCHRITTE

SCHRITT 1: Verantwortungspakete übergeben und klaren Zeitplan vorgeben

- Beispiele
  - „Projektleitungsteam": Gesamtüberblick behalten
  - Ausstellungskuratoren: Verantwortung für die Anordnung und Inszenierung der künstlerischen Produkte übernehmen
  - Programm erstellen: Präsentation in einen angemessenen Rahmen bringen (Konzeption und Moderation der Veranstaltung)

- Einladungsmanagement: Gäste auswählen und einladen
- Öffentlichkeitsarbeit: Flyer und Pressemitteilung erstellen, Journalisten betreuen
- Techniker: sich um Licht und Ton kümmern
- Catering: Getränke und ggf. auch Speisen organisieren

SCHRITT 2: Regelmäßig Zwischenstände absprechen

TIPPS UND ACHTUNGSZEICHEN

Der Ort der Präsentation sollte eine Wertschätzung der Arbeit der Schülerinnen und Schüler sein.

Bei einer Präsentation ist der Sinn für das Detail wichtig, damit das Gesamtbild stimmt und die Gäste sich wohlfühlen.

Der Erfolg des Forschungsprojektes sollte nicht nur an der Präsentation gemessen werden.

PHASE 5: Reflektieren

Nehmen Sie sich die Zeit, mit Ihren Schülerinnen und Schülern den gesamten Forschungsprozess zu reflektieren. Im Austausch mit den Mitschülern und Erwachsenen werden die Erfahrungen zu bedeutsamen Lernerlebnissen. Außerdem können die Ergebnisse der Reflexion in die Ausgestaltung künftiger Forschungen einfließen. Auf Seite 40 ff. dieses Buches finden Sie ein Reflexionsinstrument, das Ihnen als Anregung dienen soll, wie Sie einen solchen Prozess gestalten können.

Warum und wie lassen sich offene Forschungsprozesse bewerten?

- Auch in offenen Forschungsprozessen haben die Schülerinnen und Schüler ein Recht auf Rückmeldung und Anerkennung ihrer Arbeit.
- Bewertung ist immer geprägt von Wertschätzung: Sie betont in erster Linie Erfolge und Gelungenes. Das bedeutet aber auch, Schwierigkeiten und Entwicklungsbedarfe offen und ohne Vorwurf anzusprechen.
- Im Mittelpunkt stehen die individuellen Fortschritte der Schülerinnen und Schüler. Daher sollte eine Bewertung ohne Vergleich zu den Forschungsprozessen anderer Schüler geschehen.
- Grundlage für die Bewertung sind jeweils individuelle Ziele, Erwartungen und Kriterien. Sie können zu Beginn in Zielvereinbarungen festgehalten werden, die auch Unterstützungsbedarf und -angebote umfassen sollten.
- Klären Sie mit allen (!) Beteiligten, welche Form die Bewertung haben soll: Muss es eine Zensur sein oder sind auch andere Möglichkeiten denkbar, zum Beispiel ein Zertifikat mit Erläuterungen oder ein Vermerk im Zeugnis?
- Stellen Sie sicher, dass alle wissen, wie, wann und durch wen eine Bewertung erfolgt. Es sollten immer Selbst- und Fremdeinschätzungen einfließen. Letztere können die beteiligten Pädagoginnen und Pädagogen ebenso geben wie Mitschülerinnen und Mitschüler. Auch die Erwachsenen sollten auf eine Rückmeldung der Schülerinnen und Schüler nicht verzichten.
- Rückmeldungen sollten immer konkret, begründet und nachvollziehbar sein. Einen guten Ausgangspunkt können die Forscherbücher und die entstandenen Produkte sein.

Das Forscherbuch als wichtiger Begleiter

Warum ein Forscherbuch führen?

- Das Forscherbuch ist ein Begleiter des eigenen Forschungs- und Entwicklungsprozesses und dokumentiert die individuellen Aktivitäten, Überlegungen und Erkenntnisse.
- Forschungsmethoden und Lernprozesse lassen sich anhand der Aufzeichnungen nachvollziehen und reflektieren. Die Wege und Irrwege des Forschens werden sichtbar.
- Ideen und Ergebnisse überdauern das Projekt und können auch später immer wieder zurate gezogen werden.

Was sind mögliche Inhalte des Forscherbuchs?

Gedächtnisprotokolle, Erfahrungen, Gedanken, Gedichte, Mindmaps, Interviews, Beobachtungen, Mitschriften, Rechercheergebnisse, Skizzen, Zeichnungen, Collagen, Bilder, Fotos, Kopien, Postkarten, Infomaterialien, Eintrittskarten, Fundstücke, Daten, die mithilfe von anderen Forschungsmethoden erarbeitet wurden, Probleme, Erfahrungen mit der Gruppe

Unter welchen Bedingungen sollte das Forscherbuch geführt werden?

- Ein Forscherbuch zu schreiben, ist eine persönliche Angelegenheit. Rechtschreibung und korrekte Zeichensetzung sind beim Verfassen der Einträge nebensächlich. Dennoch ist das Forscherbuch kein Tagebuch. Insbesondere bei schulischen Forschungsprojekten sind seine Inhalte nicht geheim und sollten zumindest in Teilen anderen zugänglich sein.
- Die Ziele und Funktionen des Forscherbuchs sollten für alle Beteiligten transparent sein.
- Art, Umfang und Zeitpunkt der Einsicht durch andere müssen vereinbart werden.
- Das Forscherbuch muss regelmäßig geführt werden, denn erst dadurch entsteht seine Qualität.
- Die Nutzung des Forscherbuchs sollte Spaß machen.
- Inwiefern das Forscherbuch bereits vorstrukturiert sein sollte, hängt vom Alter und den Vorerfahrungen der Schülerinnen und Schüler ab. Daran sollten Sie auch anpassen, wie häufig und wie verbindlich das Forscherbuch eingesetzt werden soll.

Welche Möglichkeiten gibt es, ein Forscherbuch zu führen?

- Für das Format eines Forscherbuches gibt es keine Vorgaben. Leere Notizbücher eignen sich ebenso wie Hefter, in denen Notizen und Materialien gesammelt werden.
- Das Forscherbuch wird zu allen Forschungsaktivitäten mitgenommen und ist immer zur Hand oder es werden regelmäßige Zeiten vereinbart, in denen Einträge verfasst werden (z.B. 15 Minuten am Ende jedes Projekttages oder Blocks).
- Schaffen Sie regelmäßig Gelegenheiten, in denen die Inhalte des Forscherbuchs besprochen und reflektiert werden können. Geeignete Methoden sind zum Beispiel:
    - Schneckenpost: Die Kinder und Jugendlichen schreiben sich gegenseitig Beobachtungen, Fragen und Antworten in ihre Forscherbücher.
    - Die Kinder und Jugendlichen finden einen festen Partner, mit dem sie ihr Forscherbuch regelmäßig anschauen und diskutieren.
    - Notizen im Forscherbuch werden in regelmäßigen Abständen von den Lehrkräften oder außerschulischen Partnern angeschaut und schriftlich kommentiert.
    - Seiten, die nicht öffentlich sein sollen, können mit Büroklammern zusammengeheftet werden.
- Das Forscherbuch kann auch Teil einer abschließenden Ausstellung oder Aufführung sein.

8 Reflexionsinstrument für ästhetische Forschungsprojekte
—*Peter Winkels*

Woran erkennt man ein gutes ästhetisches Forschungsprojekt? Zunächst einmal daran, dass die Beteiligten überhaupt die Frage nach der Qualität ihrer Arbeit stellen. Um sie darüber hinaus bei der Suche nach Antworten und somit bei der Qualitätsentwicklung ihrer Projekte zu unterstützen, haben wir im Programm *Kultur.Forscher!* ein Reflexionsinstrument entwickelt, das nachvollziehbare Kriterien für gute ästhetische Forschungsprojekte benennt und auf den Einsatz im Schulalltag ausgerichtet ist. Wir haben es so lange getestet und verbessert, dass nun Lehrkräfte, Schülerinnen und Schüler in der Lage sind, während und nach Abschluss ihres Projekts begründete Aussagen über die Qualität ihrer Arbeit zu machen. Dabei ist es selbstverständlich, dass die Auswahl der Qualitätskriterien und vor allem die Indikatoren nicht umfassend und unveränderbar sind. Je nachdem, auf welche Aspekte der Qualitätsentwicklung die Beteiligten den größten Wert legen, können und müssen die Kriterien und ihre Indikatoren angepasst werden. Experimentieren Sie also ruhig!

Einführung

Generell hilft das hier vorgestellte Instrument den Teilnehmerinnen und Teilnehmern eines Projekts, die Qualität ihrer Arbeit systematisch zu erfassen und anhand von Qualitätskriterien zu überprüfen. Es dient dazu, den Stand der Arbeit gemeinsam zu reflektieren und aus dieser Reflexion neue Ziele und Vorhaben abzuleiten.

Bei der Entwicklung waren drei wichtige Aspekte zu beachten:

1. der Prozesscharakter des ästhetischen Forschens,
2. die Einbeziehung möglichst aller Teilnehmerinnen und Teilnehmer,
3. die zeitlichen Beschränkungen, unter denen Schulprojekte in der Regel umgesetzt werden.

Diese Aspekte miteinander zu vereinbaren, ist keine einfache Aufgabe: So ergibt sich aus der Beachtung des Prozesscharakters die Vorgabe, dass das Reflexionsinstrument möglichst häufig zur Anwendung kommt. Andererseits wissen wir um die meist knappen zeitlichen Ressourcen an Schulen. Es war gleichzeitig unser Anliegen, das Instrument so zu gestalten, dass es nicht nur unter den Bedingungen von Projektwochen außerhalb des Schulalltags funktioniert, sondern auch dann, wenn Projekte über einen längeren Zeitraum im Rahmen des regulären Stundenplans durchgeführt werden sollen. Bei unseren Gesprächen mit Lehrerinnen und Lehrern aus dem *Kultur.Forscher!*-Programm stellte sich heraus, dass ein Aufwand von 20 Minuten im Monat schon als kritische Grenze angesehen wird. Und schließlich sollen möglichst alle Teilnehmerinnen und Teilnehmer in dem Prozess mitwirken.

Wie sieht also ein Instrument aus, das diese Anforderungen erfüllen kann? Und wie wird es angewendet?

Vorbereitung

Bilden Sie eine Projektsteuerungsgruppe:

- Sie besteht aus je einer Schülerin bzw. einem Schüler aller Projektarbeitsgruppen oder – wenn es keine Arbeitsgruppen gibt – mindestens aus drei Schülerinnen und Schülern, die am Projekt teilnehmen. Hinzu kommen ein oder zwei Lehrkräfte und mindestens eine Vertreterin oder ein Vertreter des außerschulischen Partners.
- Sie ist verantwortlich für die Qualitätsentwicklung.
- Sie trifft sich (mindestens) drei bis (optimal) fünfmal während des Projekts für jeweils 60 Minuten.
- Die Gruppe sollte sich idealerweise zu jeder der fünf Phasen treffen, mindestens aber nach der Themenfindung, vor und nach der Präsentation.

Tipp:
Lassen Sie die Schülervertreterinnen bzw. -vertreter ruhig rotieren. Das stärkt nach Einschätzung unserer Lehrerinnen und Lehrer die Motivation der Gesamtgruppe und hilft, den Qualitätsentwicklungsprozess transparent zu machen.

Fertigen Sie ein Poster an:

- Das Poster hat mindestens ein DIN-A2-Format.
- Es zeigt die Indikatoren (Seite 43 f.) mit einer danebenstehenden Skala von 1 bis 4.
- Es ist für alle Teilnehmerinnen und Teilnehmer jederzeit zugänglich.
- Alle Schüler erhalten dadurch die Möglichkeit, nach jeder Aktion im Rahmen des Projekts namentlich gekennzeichnete Klebepunkte zu verschiedenen Items auf einer Skala von 1 bis 4 anzubringen.
- Die Einschätzungen anhand der Skalen werden einmal wöchentlich dokumentiert.
- Für die Dokumentation fotografieren Sie das Poster und schicken es per E-Mail an Ihre Schülerinnen und Schüler sowie die Partner. So halten Sie den Prozess im Bewusstsein aller Teilnehmenden wach.

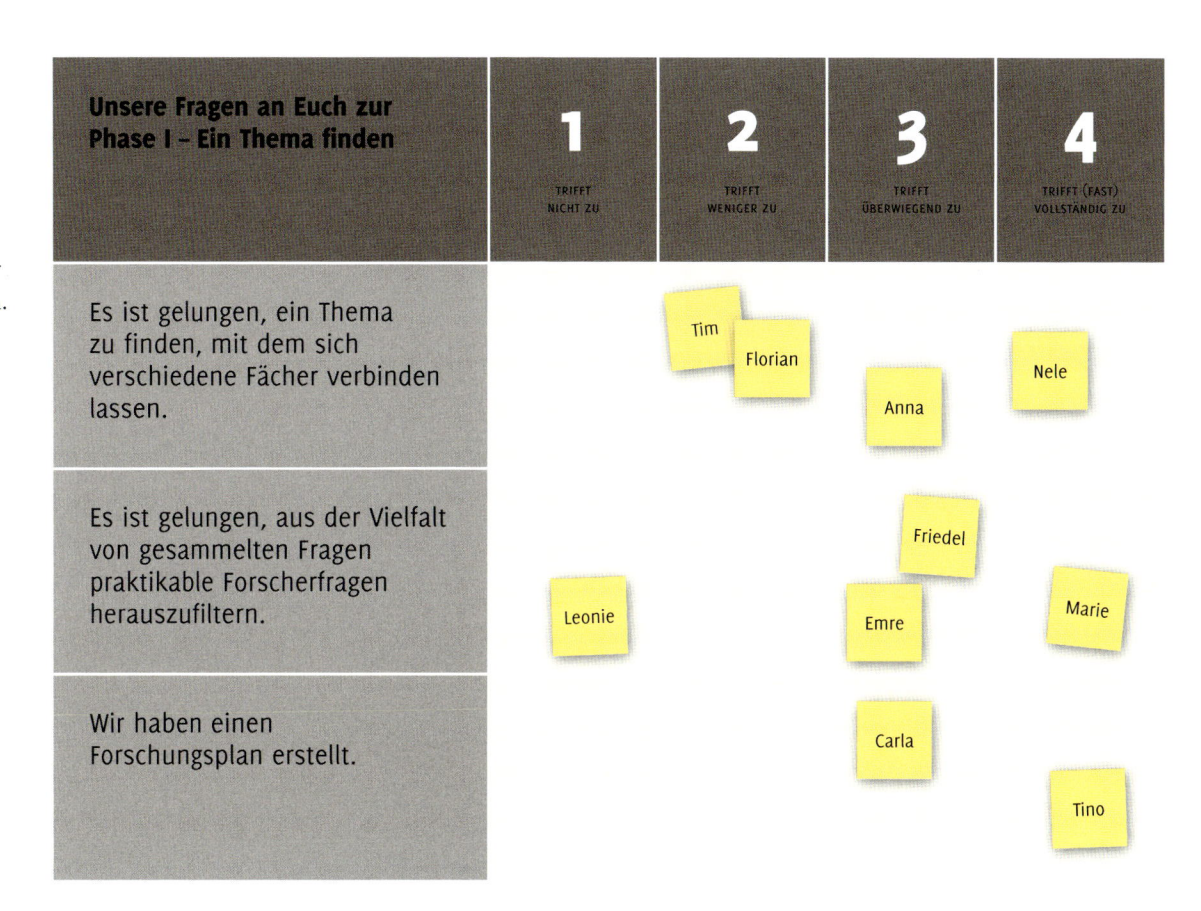

Unsere Fragen an Euch zur Phase I – Ein Thema finden	1 TRIFFT NICHT ZU	2 TRIFFT WENIGER ZU	3 TRIFFT ÜBERWIEGEND ZU	4 TRIFFT (FAST) VOLLSTÄNDIG ZU
Es ist gelungen, ein Thema zu finden, mit dem sich verschiedene Fächer verbinden lassen.			Tim, Florian	Anna, Nele
Es ist gelungen, aus der Vielfalt von gesammelten Fragen praktikable Forscherfragen herauszufiltern.	Leonie		Emre	Friedel, Marie
Wir haben einen Forschungsplan erstellt.		Carla		Tino

Tipp:
Bei kürzeren Vorhaben kann man die Klebepunkte je nach dem Zeitpunkt ihrer Benutzung farblich kennzeichnen (1. Woche gelb, 2. Woche grün, 3. Woche blau, 4. Woche rot).

Umsetzung

So arbeiten Sie in der Projektsteuerungsgruppe:

Protokoll und Zeitrahmen:

- Lassen Sie ein Protokoll führen (rotierend). Halten Sie die Ergebnisse schriftlich fest und geben Sie allen Teilnehmenden Zugang zum Protokoll.
- Halten Sie die Zeit von 60 Minuten ein. Was nicht erledigt wurde, kommt beim nächsten Mal auf die Tagesordnung.

Einstieg (ca. 15 Minuten):

- Alle erhalten einen Fragebogen (DIN A4) mit den Indikatoren, die in der Sitzung besprochen werden sollen, also z.B. bezogen auf die jeweilige Phase.
- Jeder bzw. jede bearbeitet für sich die Indikatoren auf dem Fragebogen und bewertet den Projektstand anhand der Skala:
  1 = trifft nicht zu
  2 = trifft weniger zu
  3 = trifft überwiegend zu
  4 = trifft (fast) vollständig zu
- Stellen Sie negative „Ausreißer" fest. Das sind Ihre „Baustellen" beim Qualitätsentwicklungsprozess!
- Die Quantifizierung nach den Skalen ist wichtig, um langwierige Diskussionsschleifen zu vermeiden und vergleichbare Werte über den Projektzeitraum zu erhalten.

Tipp:
Sie können ggf. auch andere Skalen verwenden. Achten Sie bei der Modifikation der Skala darauf, möglichst eine gerade Zahl an Items vorzugeben, da bei ungeraden Skalen Mittelwerte bevorzugt angegeben werden.

Austausch über „Baustellen" und Verabredungen zur Qualitätsentwicklung (ca. 20 bis 40 Minuten):

- Nehmen Sie sich nun Zeit, um über die Ausreißer zu sprechen:
  - Können wir an diesem Punkt noch im laufenden Prozess etwas verändern?
  - Was muss sich verändern, wenn wir hier besser werden wollen?
  - Ist der Indikator verständlich genug formuliert?
  - Finden sich auf dem Poster ähnliche Häufungen?
- Sammeln Sie jeweils konkrete Vorschläge und halten Sie diese schriftlich fest.
- Fassen Sie jeden konkreten Verbesserungsvorschlag in einem Satz zusammen. „Wir wollen darauf achten, dass …", „Wir möchten bis zur kommenden Woche erreichen, dass …" etc.
- Die Verbesserungsvorschläge sollten dann so schnell wie möglich neben dem Poster angebracht werden.
- Sie können bei Bedarf noch eine weitere Fragerunde einbauen, indem Sie die Skalenwerte der Schülerinnen und Schüler mit denen der Erwachsenen vergleichen.

Tipp:
Bitte betrachten Sie die nachfolgenden Indikatoren als Vorschläge. In unseren Praxistests haben wir damit gute Erfahrungen gemacht, sie sind aber nicht unbedingt für jedes Vorhaben Ästhetischer Forschung gleichermaßen geeignet. Wenn Sie eigene Indikatoren finden, dann formulieren Sie diese immer als positiven Aussagesatz, dem die Teilnehmenden eine zustimmende oder ablehnende Bewertung zuschreiben können.

Die Prozessphasen und Indikatoren

Indikatoren zur Phase 1: Ein Thema finden – Fragen entwickeln

- Es ist gelungen, ein Thema zu finden, mit dem sich verschiedene Fächer verbinden lassen.
- Es ist gelungen, die Schülerinnen und Schüler zu eigenen Fragestellungen zu führen.
- Es ist gelungen, aus der Vielfalt von gesammelten Fragen praktikable Forscherfragen herauszufiltern.
- Wir haben einen Forschungsplan erstellt.
- Die Schülerinnen und Schüler waren an der Erstellung des Forschungsplans beteiligt.
- Wir haben zur Überprüfung unseres Forschungsplans die Leitidee für Ästhetische Forschung verwendet (siehe Beitrag „Was ist Ästhetische Forschung?" von Manfred Blohm und Christine Heil auf Seite 6 ff.).

Indikatoren zur Phase 2: Forschen, Sammeln, Erfahren

- Die Zusammenarbeit innerhalb der Forscherteams hat gut funktioniert.
- Wir haben im Bereich Kunst geforscht.
- Wir haben im Bereich Wissenschaft geforscht.
- Wir haben im Bereich Alltagserfahrung geforscht.
- Wir haben im Bereich Ästhetische Praxis geforscht.
- Wir haben ein Forscherbuch benutzt.
- Wir waren gut auf unseren Forschungsgegenstand vorbereitet.
- Wir haben unerwartete Dinge über unseren Forschungsgegenstand erfahren und werden unseren Plan ändern.

Indikatoren zur Phase 3: Material aufbereiten

- Es ist gelungen, Forschungsergebnisse in verschiedenen Medien darzustellen.
- Wir haben das Forscherbuch aktualisiert.
- Wir haben mit künstlerischen Methoden gearbeitet.
- Die verschiedenen Arbeitsgruppen haben sich gegenseitig ihre aufbereiteten Ergebnisse gezeigt und diskutiert.
- Der Arbeitsanteil der einzelnen Gruppenmitglieder ist im Ergebnis sichtbar.
- Wir können die Ergebnisse im Forschungsplan verorten.
- Wir sind mit den zeitlichen Vorgaben ausgekommen.
- Wir haben uns in unserer Arbeitsgruppe gegenseitig unterstützt.
- Wir haben bei der Aufbereitung der Ergebnisse neue Fragen entwickelt.
- Wir haben das Forscherbuch für die Aufbereitung der Ergebnisse zurate gezogen.

Indikatoren zur Phase 4: Ergebnisse präsentieren

- Wir haben eine gute Form gefunden, unsere Forschungsergebnisse zu präsentieren.
- Die Präsentation ließ den Prozessverlauf erkennen.
- Alle waren in die Planung der Präsentation einbezogen.
- Die Entscheidungen für bestimmte Formate der Präsentation waren nachvollziehbar.
- Es war deutlich, wer wann und warum welche Entscheidungen getroffen hat.
- Alle Gruppen konnten sich in der Präsentation so zeigen, wie sie es wollten.
- Das Publikum war mit der Präsentation zufrieden.
- Die Kolleginnen und Kollegen der Schule haben positiv auf die Präsentation reagiert.
- Die anderen Schülerinnen und Schüler haben positiv auf die Präsentation reagiert.
- Wir sind mit anderen über unser Forschungsvorhaben ins Gespräch gekommen.

Indikatoren zur Phase 5: Reflektieren

- Wir haben regelmäßig als gesamte Gruppe den Stand des Forschungsvorhabens reflektiert.
- Wir verfügen über Rückmeldungen von allen Schülerinnen und Schülern, den beteiligten Lehrkräften und außerschulischen Partnern.
- Die Bewertung der Forschungsergebnisse einzelner Schülerinnen und Schüler ist transparent.
- Die Bewertung der Forschungsergebnisse der Arbeitsgruppen ist transparent.
- Wir haben aufgrund der Reflexionsphasen unsere Planungen überarbeitet.
- Wir haben aufgrund der Reflexionsphasen unsere Methoden verändert.
- Wir haben aufgrund der Reflexionsphasen unsere Arbeitsstruktur verändert.
- Wir sind im Zeitplan geblieben.
- Wir haben unsere Ausgangsfragen beantwortet.
- Wir haben Lust, ein neues gemeinsames Projekt zu machen.
- Die Forscherbücher haben die Reflexion unterstützt.

Anregungen für weitere Qualitätsbereiche und deren Indikatoren finden Sie in dem von der Deutschen Kinder- und Jugendstiftung (DKJS) entwickelten „Qualitätsrahmen für Kooperationen zur kulturellen Bildung an Ganztagsschulen"[20] und in dem von der Bundesvereinigung Kulturelle Kinder- und Jugendbildung (BKJ) entwickelten „Qualitätstableau für kulturelle Schulentwicklung".[21]

---

[20] www.ganztaegig-lernen.de/media/web/download/ah-11.pdf (Stand: November 2011).

[21] www.kultur-macht-schule.de/kulturelle-schulentwicklung/werkzeugbox (Stand: November 2011).

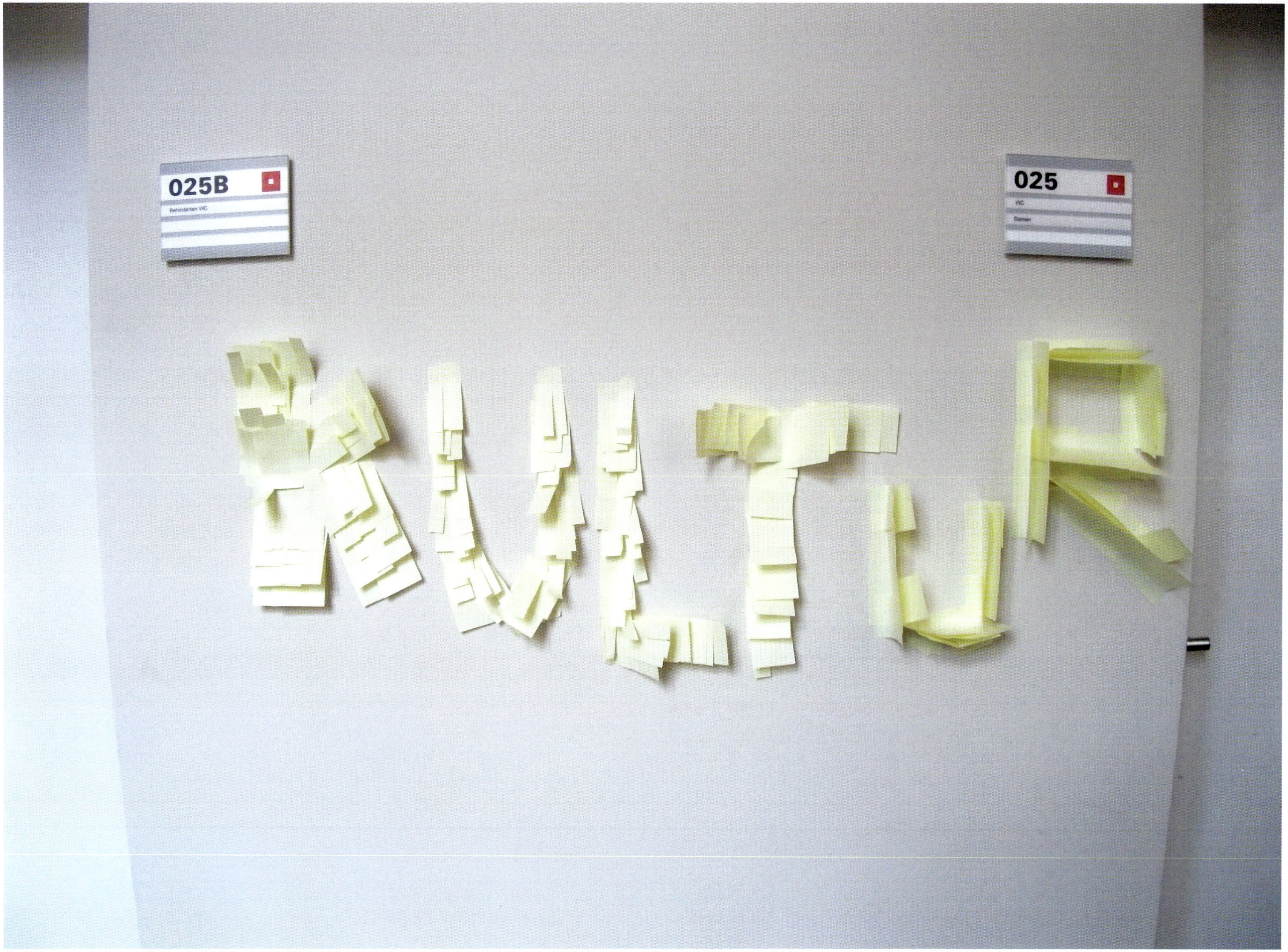
025B
Behinderten WC
025
WC
Damen
KULTUR

Die Autorinnen und Autoren

—*Prof. Dr. Manfred Blohm*
  Universität Flensburg, Institut für Ästhetisch-Kulturelle Bildung

—*Sabine Brandes*
  Theaterwissenschaftlerin, Kulturmanagerin

—*Silke Edelhoff*
  Dipl.-Ing. Stadtplanerin, Gründungsmitglied von JAS – Jugend Architektur Stadt e.V. und geschäftsführende Gesellschafterin des JAS WERKs gUG in Hamburg

—*Dr. Chantal Eschenfelder*
  Städel Museum / Liebieghaus Skulpturensammlung / Schirn Kunsthalle Frankfurt, Bereich Bildung und Vermittlung

—*Prof. Dr. Christine Heil*
  Kunsthochschule Mainz an der Johannes Gutenberg-Universität Mainz, Schwerpunkt Kunstdidaktik

—*Christian Kammler*
  Philipps-Universität Marburg, Institut für Schulpädagogik, Forschungsschwerpunkt Kulturelle Praxis

—*Andreas Knoke*
  Deutsche Kinder- und Jugendstiftung, Programmbereich „Kita und Schule gestalten"

—*Tobias Kuster*
  Willi-Graf-Gymnasium Berlin

—*Christina Leuschner*
  Deutsche Kinder- und Jugendstiftung, Programm *Kultur.Forscher!*

—*Andrea Potinius*
  Gesamtschule Harburg, Hamburg

—*Dr. Heike Riesling-Schärfe*
  PwC-Stiftung Jugend – Bildung – Kultur

—*Jürgen Schulz*
  Sächsische Bildungsagentur Chemnitz, Prozessmoderation

—*Marianne Spiering*
  Gesamtschule Harburg, Hamburg

—*Peter Winkels*
  NEXT – Agentur für Kunst, Vermittlung und Bildung

Danke!

In diesem Buch haben wir gemeinsam mit den Autorinnen und Autoren das Wissen und die Erfahrungen vieler Menschen zusammengetragen. Wir möchten deshalb vor allem den Schülerinnen und Schülern, den Lehrkräften der *Kultur.Forscher!*-Schulen und ihren Kulturpartnern danken, die sich zusammen auf das Abenteuer der Ästhetischen Forschung eingelassen haben. Durch sie wurden wir in den vergangenen drei Jahren immer wieder darin bestärkt, dass diese Form des gemeinsamen Lernens im Schulalltag nicht nur möglich, sondern auch für alle Beteiligten gewinnbringend ist.

Ein großer Dank gilt darüber hinaus den Prozessbegleiterinnen und Prozessbegleitern des *Kultur.Forscher!*-Programms, den wissenschaftlichen Beratern und dem Evaluationsteam des Instituts EDUCULT. Sie alle waren sowohl für die Schulen vor Ort als auch für die beiden Stiftungen eine wichtige Unterstützung.

Und schließlich danken wir der PwC-Stiftung Bildung – Jugend – Kultur, insbesondere dem Vorstand und Heike Riesling-Schärfe. Ohne ihr Vertrauen in die gemeinsame Arbeit, ihr Engagement für das Thema kulturelle Bildung und ihre kritische Begleitung von *Kultur.Forscher!* wären weder das Programm noch dieses Buch denkbar gewesen.

Christina Leuschner & Andreas Knoke, Deutsche Kinder- und Jugendstiftung

Impressum

Christina Leuschner & Andreas Knoke (Hrsg.):
Selbst entdecken ist die Kunst. Ästhetische Forschung in der Schule

Redaktion:
Christina Leuschner, Andreas Knoke, Anne Stienen, Sabine Zeh

Layout, Grafik, Satz:
Carolin Biegert & Juliane Zöller (mijuly&ca, Berlin)

Lektorat:
Dr. Angela Borgwardt

Fotos:
Titelfoto (und Foto S.4): Nadin Reschke
„Raumgewirr" – ein Workshop zum *Kultur.Forscher!*-Tag am
Innerstädtischen Gymnasium Rostock 2011, konzipiert und geleitet von
Nadin Reschke
Manfred Blohm (S.8), Deutsche Kinder- und Jugendstiftung (S.11, 45),
Wolfgang Landgraf (S.13, 27), Dirk Baumbach (S.17),
Jakob Studnar (S.18), Michel Koczy (S.21)
Alle Fotos sind im Rahmen des Programms *Kultur.Forscher!* entstanden.

In der Publikation wird bei Personenbezeichnungen aus Gründen
der besseren Lesbarkeit an einigen Stellen nur die männliche Form
verwendet. In der Regel sind beide Geschlechter gemeint.

Bibliografische Information Der Deutschen Nationalbibliothek:
Die Deutsche Nationalbibliothek verzeichnet diese Publikation in der
Deutschen Nationalbibliografie; detaillierte bibliografische Daten sind
im Internet über http://dnb.ddb.de abrufbar.

Printed in Germany
ISBN 978-3-86736-360-9

2. Auflage, München 2015 (1. Auflage, München 2012)
Alle Rechte vorbehalten.
© kopaed verlagsgmbh
Pfälzer-Wald-Str. 64
81539 München
www.kopaed.de

Weitere Informationen unter www.kultur-forscher.de